MARIANNE WELLERSHOFF ist Journalistin, Autorin und Musikerin. Sie hat ein Studium der Psychologie abgeschlossen, mehrere Bücher geschrieben und arbeitet als Autorin beim SPIEGEL. Wellershoff beschäftigt sich mit Themen aus Wissenschaft, Kultur und Gesellschaft und ist Blattmacherin der Magazine SPIEGEL WISSEN und SPIEGEL COACHING.

Außerdem von Marianne Wellershoff lieferbar:

Ich fühl mich wohl – Ziele erreichen, Gewicht halten, mehr bewegen
Ich schaff das schon – Krisen überwinden, Stress reduzieren,
zu Hause wohlfühlen

Besuchen Sie uns auf www.penguin-verlag.de und Facebook.

Marianne Wellershoff (Hg.)

Ich
kenne mich

EMOTIONEN VERSTEHEN,
KINDHEIT ENTSCHLÜSSELN,
MENSCHENKENNTNIS VERBESSERN

3 Selbsttests und Trainingsprogramme
für ein ausgeglicheneres Ich –
mein Coaching

 PENGUIN VERLAG

Die Texte dieses Buches wurden neu zusammengestellt
und sind bereits in den Magazinen
*So geht's mir gut. Sechs Trainingsprogramme, mit denen
Sie Ihr Leben managen können* (01/2019) und
*Neustart für mich. Sechs Trainingsprogramme für ein
zufriedenes Leben* (01/2021) aus der Reihe
SPIEGEL Coaching erschienen.

Sollte diese Publikation Links auf Webseiten Dritter enthalten,
so übernehmen wir für deren Inhalte keine Haftung,
da wir uns diese nicht zu eigen machen, sondern lediglich
auf deren Stand zum Zeitpunkt der Erstveröffentlichung verweisen.

Penguin Random House Verlagsgruppe FSC® N001967

1. Auflage 2021
Copyright © 2021 by Penguin Verlag, München
in der Penguin Random House Verlagsgruppe GmbH,
Neumarkter Straße 28, 81673 München
und SPIEGEL-Verlag Rudolf Augstein GmbH, Hamburg,
Ericusspitze 1, 20457 Hamburg
Umschlaggestaltung: Favoritbuero, München
Umschlagabbildung: Shutterstock/ © GoodStudio
Satz: Satzwerk Huber, Germering
Druck und Bindung: CPI books GmbH, Leck
Printed in Germany 2021
ISBN 978-3-328-10831-3
www.penguin-verlag.de

Inhalt

Vorwort   9

KAPITEL 1
EMOTIONEN VERSTEHEN   11

Ich fühle, also bin ich   13
Gefühle haben Einfluss auf unser gesamtes
Leben. Deshalb ist es so wichtig, sie zu
verstehen

Doktor Feelgood   27
Vier Strategien, um Emotionen besser zu
regulieren

Check   35
Hand aufs Herz

Coaching   55
Gefühle verstehen und annehmen

Buchempfehlungen   78
Zum Weiterlesen

KAPITEL 2
KINDHEIT ENTSCHLÜSSELN   81

Familienbande   83
Die ersten Lebensjahre prägen uns. Aber wir
können uns lösen und den eigenen Weg finden

Spätes Geschenk   95
Auch wenn die Eltern Fehler gemacht haben:
Eine Aussöhnung entlastet alle

Check   103
Zeitreise erlaubt

Coaching   123
Kindheitsmuster erkennen und verändern

Buchempfehlungen   145
Zum Weiterlesen

KAPITEL 3
MENSCHENKENNTNIS VERBESSERN   147

Blick in die Seele   149
Wer glaubt, andere sofort durchschauen zu
können, liegt oft daneben. Denn es gibt sehr
viele Fehlerquellen

»Wie ein Fingerabdruck«   165
Mit Worten kann man lügen. Mit der Stimme
aber nicht

Check   173
Das Innenleben der anderen

Coaching   193
Andere besser einschätzen

Buchempfehlungen   215
Zum Weiterlesen

ANHANG   217

   Beratende Expertinnen und Experten   219
   Über die Autorin der Checks und Coachings   221

Vorwort

Es dauert nur einen kurzen Moment, bis wir uns ein Bild von einem Menschen gemacht haben. Und meistens sind wir uns nach einiger Zeit ziemlich sicher, dass dieser erste Eindruck stimmt. Denn ohne dass es uns bewusst ist, nehmen wir ab diesem Moment vor allem wahr, was unsere Einschätzung bestätigt. Kurz gesagt: Die meisten überschätzen ihre Menschenkenntnis.

Aber nicht nur die genaue Wahrnehmung anderer ist schwieriger, als es scheint. Auch uns selbst kennen wir manchmal nicht ganz genau. Warum wir uns nach etwas sehnen, warum wir glauben, manches niemals schaffen zu können, weshalb wir uns immer wieder ähnliche Partner oder Partnerinnen aussuchen, obwohl sie uns vielleicht gar nicht guttun – das hat oft seine Wurzeln in Ereignissen und Einflüssen, die uns seit der Kindheit auf uns einwirken. Manche davon sind hilfreich, manche stehen der Entfaltung der eigenen Persönlichkeit im Weg, manche sind längst überholt, weil wir uns weiterentwickelt haben.

Im Laufe des Lebens haben wir auch den Umgang mit Emotionen gelernt. Manchen Menschen fällt es dennoch sehr schwer, Gefühle zu zeigen, insbesondere negative wie Wut oder Traurigkeit. Das kann viele verschiedene Gründe haben: Die eigenen Eltern haben Emotionen als Zeichen von Schwäche abgelehnt oder befürchteten vielleicht, dass sie selbst von Gefühlen überschwemmt werden könnten.

Doch auch als Erwachsene können wir noch lernen, die Prägungen aus unserer Kindheit zu integrieren oder hinter uns zu lassen. In diesem Buch finden Sie drei alltagsnahe und ganz praktische Trainingsprogramme, die gemeinsam von der Psychologin Anne Otto und verschiedenen Expertinnen und Experten entwickelt wurden. Mit diesen Coachings können Sie in kleinen Schritten lernen, Ihre Emotionen zu verstehen, Ihre Kindheit zu entschlüsseln und Ihre Menschenkenntnis zu verbessern. Zu jedem Training gibt es einen Selbsttest, mit dem Sie sich selbst besser kennenlernen können.

Die tröstliche Botschaft lautet also: Es ist nie zu spät, sich weiterzuentwickeln und an der eigenen Zufriedenheit zu arbeiten! Nehmen Sie Zettel und Stift zur Hand und legen Sie los!

Tipp: Besorgen Sie sich ein Notizbuch und führen Sie ein Journal zu den Coachings, in dem Sie Ihre Gedanken und Vorhaben dazu festhalten.

KAPITEL 1

Emotionen verstehen

Ich fühle, also bin ich

Die Bedeutung der Gefühle wurde von der Wissenschaft lange unterschätzt. Heute wissen wir: Sie mischen bei allen Aspekten unserer Existenz mit.

Von Annette Bruhns

Wie lange dauert ein Gefühl? Diese schlichte Frage eines Physikerkollegen brachte den Emotionsforscher Arvid Kappas ins Schleudern. »Der Mann ist vom Mars«, dachte Kappas bei sich, »was für eine Frage!« Laut hörte er sich selbst antworten: »Zwischen 500 Millisekunden und 4 Sekunden.« Er wusste eigentlich, dass dies nicht stimmte, doch eine derartige Länge hatte der amerikanische Psychologe Paul Ekman in den Achtzigerjahren beobachtet. Und natürlich kennt sein deutscher Kollege Kappas, Professor an der Jacobs University in Bremen, Ekmans Studien in- und auswendig. Ekman ist Gründervater der modernen Emotionsforschung. Kappas beackert dieses Feld seit 30 Jahren, er war lange Präsident der Wissensgesellschaft International Society for Research on Emotion, zu der weltweit rund tausend Forscher verschiedener Disziplinen gehören. »Ekmans Angaben sind aus heutiger Sicht dumm«, sagt Kappas. Nachdenklich streicht er an seinem Kinnbart entlang. »Viel klüger sind wir seitdem aber auch nicht: Ich weiß nach wie vor nicht, wie ich dem Physiker korrekt antworten könnte.«

Wie lange dauert nun ein Gefühl? Und was ist überhaupt eine Emotion? Nicht einmal über ihren Forschungsgegenstand ist die Wissenschaft sich einig. Umgangssprachlich ist eine Emotion dasselbe wie ein Gefühl, fachsprachlich wird zwischen den beiden Begriffen häufig unterschieden. Doch schon über den Verlauf der Trennlinie zwischen den – eher physischen, sichtbaren – Emotionen und den – eher mentalen, unsichtbaren – Gefühlen gibt es ausgesprochen widersprüchliche Angaben. »Wissenschaftlich gesehen sind Emotionen ein Konstrukt«, erklärt der Psychologe Kappas, »genau wie Intelligenz oder Psyche.«

Das Problem beginnt an der Wurzel: Wo entstehen unsere Emotionen und Gefühle? Was löst sie aus? Relativ leicht lässt sich das noch bei sinnlichen Reizen ergründen: Geräusche, Lieder, Farben, Düfte oder der Geschmack von Schokolade können Gefühle auslösen. Eine Angst vor Spinnen und Schlangen gilt sogar als angeboren. Schwierig wird es mit kognitiven Stimuli. Wieso versetzt es uns manchmal einen Stich, wenn ein Kollege verdientermaßen ein Lob bekommt, und manchmal nicht? Wieso bricht uns zuweilen der Schweiß aus schon bei der Vorstellung, die Liebste betrüge uns? Und warum kann uns ein fantastischer Einfall zum Jubeln bringen?

Auch Kultur und Gesellschaft prägen Emotionen: Im Mittelalter durften Männer hemmungslos weinen – Tagebücher von heimwehkranken Kreuzzüglern geben davon beredt

Zeugnis. Spätestens seit dem 19. Jahrhundert aber gelten Tränen als »weibisch«. Und dann sind da noch die Gefühlszustände, die wie aus dem Nichts kommen: Stimmungen und Launen. Emotionspionier Paul Ekman fand sie so misslich, dass er Stimmungen aus seiner Forschung einfach ausklammerte.

Sind wir unseren Emotionen ausgesetzt wie dem Duft von Parfum oder dem Gestank von Gülle? Gegen diesen weitverbreiteten Eindruck wehrte sich der US-Sozialpsychologe James Averill 1980 mit einer aufsehenerregenden These: Emotionen passierten uns nicht wie Leidenschaften (»passions«), sondern seien in Wahrheit Handlungen (»actions«). Dagegen sprechen physiologische Fakten: Die meisten Menschen können etwa den äußeren Augenringmuskel nicht willentlich anspannen. Echte Freude malt sich auf ihre Gesichter daher nur, wenn sie diese auch empfinden. Hat Averill nun also recht oder unrecht, passieren uns Emotionen, oder machen wir sie?

Ein Grund für die Verwirrung könnte darin liegen, dass sich Gefühle, Denken und Bewusstsein gegenseitig bedingen. Descartes' Diktum »cogito ergo sum« – ich denke, also bin ich – hat der portugiesische Neurowissenschaftler António Damásio vor rund 20 Jahren deshalb umformuliert. Laut Damásio muss es heißen: »Ich fühle, also bin ich.« Emotionen sind, anders als von den Vätern der Aufklärung angenommen, Bestandteil unseres rationalen Denkens. Sie sind sogar entscheidend für das Vermögen, vernünftige Entscheidungen zu treffen. Der sprichwörtliche »kühle Kopf« braucht in Wahrheit warme Gefühle, um strategisch zu planen. Die Hippies, findet der Bremer Forscher Kappas, hatten intuitiv recht, als sie mit freier Liebe und Blumen im Haar das Zeitalter der Emotionen einläuteten.

Der unauflösbare Zusammenhang zwischen »Ratio« und »Emotio« erklärt auch, warum bei der Erforschung der Natur unserer Gefühle Befangenheit nicht die Ausnahme, sondern die Regel ist. Wir verfügen über keine gefühlsfreie kognitive Instanz, die unsere Gefühle beurteilen könnte – auch wenn es uns so vorkommt. Das erschwert den Versuch, der Sache empirisch auf den Grund zu gehen. Das meiste, was Psychologen über die Entstehung von Gefühlen wissen, stamme von Probanden, die nach erinnerten Situationen befragt wurden, ärgerte sich Paul Ekman noch im Jahr 2003. Stets laufe man Gefahr, dass die Befragten ihre Emotionen und die sie auslösenden Situationen beschönigend erinnerten.

Auch der Blick ins Hirn, der seit den Achtzigerjahren durch bildgebende Verfahren möglich ist, macht die Sache nicht einfacher. Die Hoffnung jedenfalls, in der grauen Masse einen oder mehrere Orte zu finden, an denen Glück oder Gram messbar wären, wurde enttäuscht. Stattdessen entdeckte man kreuz und quer verschaltete Netzwerke zwischen Komponenten des Gehirns und den Organen. Die metaphorische »Kaskade von Gefühlen« hat, sozusagen, eine physische Entsprechung. Diese biologische Kaskade, die über neuronale Synapsen und Botenstoffe wie Hormone passiert, vollzieht sich freilich so schnell, dass wir sie nicht wahrnehmen. Das »Wechselbad der Gefühle« aber erleben wir bewusst – und der Eindruck, dass unsere Kognition daran beteiligt ist, ist richtig.

Von Anfang an lernen wir, unsere Emotionen zu regulieren. Sobald der Säugling seinen Kopf nach links und rechts bewegen kann, dreht er ihn einfach weg, wenn ihn ein Eindruck stört. Das ist übrigens höchst effektiv: Mit dem neuen Ausblick vergisst das Kind meist sofort, was es beunruhigt hat. »Emotionen und die Kontrolle der Emotionen sind unzertrennlich«, sagt Kappas. Wenn aber das Fühlen und das Regulieren der Gefühle zwei Seiten derselben Medaille sind, ist das eine gute Nachricht: Wir sind unserer Wut und Trauer, unseren Passionen und Depressionen nicht hilflos ausgesetzt. Sogar als Erwachsene können wir neue Pfade gehen. Wir können lernen, negative Gefühle gelassener zu nehmen und Glücksmomente intensiver auszukosten. Schon das Festhalten von Gefühlen in einem Tagebuch soll dabei Wunder wirken. Psychotherapie oder Meditation sind die klassischen, aber aufwendigen Wege. Denn leicht ist die Beherrschung der eigenen Emotionsklaviatur nicht. »Um langfristig Gefühle anders zu regulieren, als man das über Jahrzehnte erlernt hat«, sagt Kappas, »braucht man dieselbe Geduld und denselben Willen, als wollte man zehn Kilo abnehmen.«

Auch die Anwesenheit anderer Menschen modelliert unsere Emotionen. Die Fähigkeit zu fühlen bedingt Mitgefühl, und Empathie wiederum führt zu neuen Emotionen, sowohl beim Sender als auch beim Empfänger. Diese soziale Dimension der Affekte beginnen Forscher gerade erst auszuloten. Können wir steuern, ob uns Tränen berühren? Welche Rolle spielt es, ob der Weinende ein Freund ist oder ein Unbekannter im Supermarkt? Und wenn es das eigene schluchzende Kleinkind ist: Was bedeutet es für die Entwicklung seiner Gefühlsregulation, wenn die eine Mutter – zum Beispiel in Wien – mit ihm über den Kummer redet, während die andere – sagen wir in Kalkutta – es mit einer Weintraube ablenkt? Tatsächlich unterscheidet sich mütterliches Management in westlichen, auf das Individuum zentrierten Kulturen und östlichen Wir-Gesellschaften deutlich.

Die Emotionsforschung geht heute all diesen Fragen nach, mit soziologischen, psychologischen, medizinischen Methoden. Oft wird dabei gestritten. Wie viele Emotionen gibt es – fünf, sieben oder unzählige? Scheiden sie sich in »unangenehme« und »angenehme« – hier Angst, Ärger und ihre Derivate, dort Freude, Liebe, Ekstase? Und: Sind Gefühle universell? Letztere Frage erhitzt die Gemüter heute noch so wie zu Beginn ihrer wissenschaftlichen Erforschung. 1872 erschien Charles Darwins Buch »The Expression of the Emotions in Man and Animals«. Er blätterte damit einen weiteren Trumpf für seine Evolutionstheorie hin: Er erkannte und analysierte systematisch Gefühlsregungen bei Tieren. Ebenso akribisch widmete Darwin sich dem Gefühlsausdruck von Menschen. Emotionen, schloss er, hätten einen evolutionären Vorteil. Sie hätten sich über die Arten hinweg genetisch durchgesetzt und würden sich adaptiv weiterentwickeln.

Worin liegt nun dieser »evolutionäre Vorteil«? Ist es die Fähigkeit vieler Tierarten, Zähne zu zeigen, statt gleich zuzubeißen, und auf diese Weise den Gegner ohne Blutverlust in Schach zu halten? Oder die eines Vorgesetzten, allein durch das Hochziehen der Brauen und das Hervorschieben des Kiefers kritische Untergebene entmutigen zu können? Das ist alles möglich – aber die Sache scheint noch tiefer zu gehen.

Inzwischen hat António Damásio Darwin weitergedacht. Herausgekommen ist eine packende Evolutionstheorie. Gefühle, das sind laut dem Universalgelehrten – Damásio lehrt Psychologie, Philosophie und Neurowissenschaften an der University of Southern California – die Agenten der »Homöostase«. Homöostase ist das Prinzip, mit dem sich Lebewesen gegen die stets drohende Entropie, gegen das Chaos, immer wieder ins Gleichgewicht bringen. Homöostase ist also das Lebensprinzip schlechthin – und Gefühle bahnen der Lebenserhaltung den Weg.

»Ohne dass ein einziges Wort gesprochen wird«, schreibt Damásio, »teilen Gefühle dem Geist unter normalen Umständen in jedem einzelnen Augenblick mit, ob der Lebensprozess in dem zugehörigen Körper in eine gute oder schlechte Richtung verläuft.« Unser ausgeklügeltes emotives Alarmsystem stachle uns sozusagen dazu an, in den eigenen Lebensprozess einzugreifen – um ihn wieder ins Lot zu bringen oder günstig fortzuentwickeln.

Darwin hat mit seinem Werk von 1872 die Gefühlsforschung quasi nebenbei begründet. So nahm der Naturforscher an, dass Gefühle universell sein müssen. Da Darwin zu gebrechlich war, um dafür selbst Beweise zu sammeln, bat er Seeleute, Händler und Missionare um ihre Beobachtungen. »Mr. Swinhoe hat die Chinesen erröten sehen, glaubt aber, dass dies selten ist. Doch haben sie den Ausdruck ›vor Scham rot werden‹«, hält er fest. »Mr. Washington Matthews hat häufig ein Erröten auf den Gesichtern der jungen Mädchen gesehen, die zu verschiedenen wilden Indianerstämmen Nordamerikas gehören.« Sogar dunkelhäutige Menschen, schreibt Darwin, seien von »glaubwürdigen Beobachtern« beim Rotwerden beobachtet worden, »und zwar unter Umständen, welche ein solches bei uns erregt haben würden [...]«. Das Erröten, schließt Darwin, sei eine angeborene Fähigkeit der Spezies Mensch. Es trete auf bei Schüchternheit, Scham oder Bescheidenheit, bei bewussten psychischen Zuständen also, die ausgelöst würden durch die »Empfänglichkeit für die Meinung anderer«. Schon Darwin erkannte damit den sozialen Charakter von Gefühlen.

Knapp ein Jahrhundert später zog Jungforscher Paul Ekman aus, um Darwins These der angeborenen »Universalgefühle« zu verifizieren. 1969 zeigte Ekman Japanern, US-Amerikanern, Chilenen, Argentiniern und Brasilianern Fotos überraschter, wütender, trauriger Menschen. Er bat sie zu beurteilen, welches Gefühl das jeweilige Gesicht ausdrücke. Ergebnis: Quer durch alle Kulturen kam die Mehrheit zu einem ähnlichen Urteil. Darwins These schien richtig. Doch Ekman kannte die Einwände vieler Ethnologen: Es gebe Kulturen, in denen es normal sei zu lächeln, wenn man traurig ist.

Ekman war nicht überzeugt. Was, wenn die Beobachteten nur deshalb lächelten, um einer sozialen Konvention zu entsprechen? Um diesen Verdacht zu überprüfen, führte er japanischen und amerikanischen Studenten aufwühlende Filme vor, die chirurgische Eingriffe und Unfälle zeigten. Er beobachtete dabei die Probanden sowohl als Gruppe unter sich als auch mit einem Professor im Vorführraum. Bei den Japanern veränderte die Anwesenheit einer Respektsperson das Ergebnis völlig: Während sie allein unter sich ähnlich erschrockene Gemütsreaktionen zeigten wie die jungen Amerikaner, bemühte sich die Gruppe mit Professor, tapfer zu lächeln.

In Feldforschungen von Papua-Neuguinea bis hinauf in den Himalaja identifizierte Ekman sieben Affekte als kulturunabhängige »Basisemotionen«: Freude, Wut, Ekel, Angst, Verachtung, Traurigkeit und Überraschung. Auch wenn Anzahl und Auswahl von vielen Forschern hinterfragt wird, zweifeln die wenigsten heute daran, dass Darwin und Ekman mit der Annahme angeborener Affekte recht haben.

Wie viel unseres Gefühlsempfindens vererbt und wie viel erlernt ist – das freilich weiß niemand. Die Familie, die soziale Herkunft und die Kultur, in der ein Mensch aufwächst, haben einen immensen Einfluss auf die Emotionsentwicklung. Der Dozent Kappas erzählt von einem Studenten, der bei einer Diskussion aufsprang und laut rief: »Aber dass alle Menschen Liebe, Wut oder Angst ähnlich empfinden, ist doch wohl klar!« Daraufhin habe sich schüchtern eine Kommilitonin aus Indien gemeldet. Verlegen erzählte sie, dass Liebe in ihrer Heimat, in der Eltern ihre Kinder verheiraten, etwas ganz anderes sei als in Deutschland. Verliebt zu sein löse nicht Hochgefühle aus, sondern quälende Scham. »Sich zu verlieben kann in Indien als Schande gelten«, sagt Kappas.

Schon dem genauen Beobachter Darwin entging nicht, dass Fühlen und das Regulieren von Gefühlen Hand in Hand gehen – oder besser gesagt: Muskel in Muskel. Physiologische Veränderungen, so entdeckte er, sind nicht nur Folge einer Emotion – sondern eignen sich auch hervorragend, um ein Gefühl hervorzurufen oder es abzumildern. Wer die Augenbrauen zusammenzieht, kann deutlich spüren, wie Zweifel oder Verstimmungen aufsteigen. Wer in einem heftigen Streit die Stimme senkt, zügelt meist auch seinen Zorn.

Der New Yorker Mediziner William James, der als Begründer der Psychologie in den USA gilt, hielt diesen Zusammenhang für den Schlüssel zum Verständnis der Affekte. »Kann man sich einen Zustand der Wut ausmalen, bei dem man nicht zugleich an die Aufwallungen in der Brust, die Gesichtsrötung, die bebenden Nasenflügel, das Zähneknirschen und den Impuls zu heftigem Handeln denkt«, fragte James 1884, »sondern stattdessen an entspannte Muskeln, ruhige Atmung und ein friedliches Gesicht?« Ein Empfinden ohne jegliche körperliche Komponente sei nur ein »neutraler Zustand intellektueller Wahrnehmung«. James behauptete, es verhalte sich ganz anders als landläufig angenommen: Erst spürten wir unser Zittern, dann bekämen wir Angst, erst fingen wir an zu weinen, dann fühlten wir uns traurig.

Diese umstrittene These ist immerhin teilweise empirisch bewiesen. Tatsächlich stößt der Körper oft schon vermehrt Adrenalin aus und schlägt das Herz schneller, bevor sich ein Gefühl von Angst einstellt – etwa bei einer drohenden Kollision mit dem Auto. Auch wenn James' Theorie dem komplexen Phänomen nicht gerecht wird, war sie ein Meilenstein der Forschung. Sie lebt bis heute fort in der Facial-Feedback-Theorie, nach der die Bewegungen unserer Gesichtsmuskeln unser Empfinden beeinflussen.

Der deutsche Sozialpsychologe Fritz Strack hat dies mit einem Experiment überprüft: Verschiedene Gruppen von Probanden bekamen einen Comic zu lesen. Die Probanden der ersten Gruppe mussten dabei einen Stift mit den Lippen festhalten, die anderen mit den Zähnen. Tatsächlich fand eine Gruppe den Comic deutlich lustiger: diejenige, die den Stift zwischen den Zähnen gehalten hatte. Im Gegensatz zur Lippen-Gruppe hatten ihre Teilnehmer nämlich beim Anschauen der Bilder lächeln können.

Der amerikanische Schriftsteller Edgar Allan Poe hat diesen Mechanismus früh beobachtet. 1844 schrieb er: »Wenn ich herausfinden möchte, wie klug oder wie dumm, wie gut oder wie böse einer ist oder was ihm im Augenblick durch den Kopf geht, dann passe ich meinen Gesichtsausdruck so genau wie möglich dem seinen an und warte bloß ab, was für Gedanken oder Gefühle nun mir im Kopfe oder Herzen aufsteigen, gleichsam in Übereinstimmung.« Diese Methode hilft allerdings nicht immer. Viele Paare kennen das: Während der eine Partner nörgelt und zetert, schweigt der andere mit unbewegter Miene. »Mauern« haben die US-Psychologen John Gottmann und Robert Levenson dieses meist männliche Verhalten genannt. Ihre Forschung hat dabei Erstaunliches zutage gefördert: Die Partner waren nur äußerlich teilnahmslos. Innerlich kochten die Männer oft genauso wie ihre schimpfenden Frauen.

Wie reguliert man nun seine Gefühle richtig? Wie löst man Probleme mit Partner oder Kindern, wie trägt man Misserfolge mit Fassung, wie zügelt man den Neid? Manchmal lohnt schon die Lektüre von Ratgebern. In »Die Macht der Emotionen« schildern die Ärzte und Psychologen François Lelord und Christophe André anschaulich, wie man Emotionen erkennt und auf sie reagiert – und wann besser nicht. Es kann gefährlich sein, dem Zorn freien Lauf zu lassen, nicht nur für die Beziehungen zur Umwelt, sondern auch für die eigene Gesundheit. Umgekehrt kann es erlösend sein,

wenn man sich traut, einen tiefen Kummer zu teilen. Sich anderen zu öffnen und über Gefühle zu reden ist ein Weg, den
die Autoren in fast jedem Fall empfehlen. Sie geben aber auch
praktische Tipps: Ein harmonisches Eheleben etwa brauche
funktionierende Haushaltsgeräte.

Natürlich gibt es emotionale Probleme, bei denen nur eine
Therapie oder sogar Psychopharmaka Linderung verschaffen
können. Ein Trauma überwindet man meist nicht ohne professionelle Hilfe. Die Veröffentlichungen über Kindesmiss-
brauch in der Kirche und die #MeToo-Fälle zeigen, wie erschreckend alltäglich solche Verbrechen sind. Wer als Kind
oder in der Jugend vergewaltigt wird, leidet daran lebenslang. Misshandelte Menschen sind häufig depressiv, leiden
oft unter schlimmen Schuldgefühlen.

Es gibt auch Störungen, bei denen keine Psychotherapie
helfen kann. Der Neurologe Damásio berichtet von einem
normal intelligenten, höflichen Patienten, dessen soziales
Verhalten dennoch seltsam war: Er wirkte nie traurig, auch
nicht glücklich, pflegte keine Beziehungen und hielt sich nie
lange in einem Job. Mal bestahl er einen Arbeitgeber, mal
wurde er grundlos ausfallend. Als man das Hirn des jungen
Mannes untersuchte, stellte sich heraus, dass der größte Teil
seines Frontalhirns schwer geschädigt war, und zwar vermutlich seit seiner Geburt. Hier saß die Ursache für seine affekti-
ve Störung und für seine Unfähigkeit zu planen – unwider-
ruflich und unheilbar.

»Wir müssen sehr vorsichtig sein, bevor wir menschliches
Verhalten beurteilen«, sagt der Psychologe Kappas. »Auch
bei uns selbst hilft übrigens Nachsicht.« Der Forscher findet

es unbefriedigend, wie wenig die Wissenschaft bisher über Emotionen weiß. Denn fest steht: Solange die Menschheit ihren Verstand nur auf Wissen und Logik trimmt, fehlt eine Dimension. Kappas entwickelt derzeit mit Ingenieuren einen fühlenden Roboter. Er heißt Nao und soll als Hilfslehrer Kindern die Angst beim Lernen nehmen. Vor dem kleinen weißen KI-Kerl mit den niedlichen Knopfaugen und den Armen, die Nao überrascht in die Luft reißen kann, fürchtet sich kein Schulversager – so viel wissen die Entwickler inzwischen aus ersten Versuchen. »Um Naos Programm zu füttern, muss ich Emotionen gar nicht definieren«, freut sich Forscher Kappas. »Ich kann stattdessen testen, ob unsere Annahmen über das, was Gefühle auslöst, und darüber, welche Reaktionen angemessen sind, zutreffen.«

Sein Experiment könnte allerdings fürchterlich schiefgehen. Schließlich benutzt Naos Computergehirn Algorithmen, mit denen es selbst lernt und neue Netzwerke anlegt. »Vielleicht ist Nao irgendwann schrecklich böse auf mich«, sagt Kappas, »und ich habe keinen Schimmer, warum.«

Doktor Feelgood

Ob Nasenspray, Botoxspritze oder Atemtechnik:
Mittel zur Emotionsregulierung gibt es viele – aber
welche funktionieren?

Von Jens Lubbadeh

1. Emotionale Kompetenz einüben

Der eine leidet vielleicht an dauernden Wutausbrüchen, der
andere unter seinen Ängsten oder seiner Schüchternheit – Gefühle haben viel Macht über uns. Die gute Nachricht: »Man
kann lernen, seine Emotionen zu regulieren«, sagt Matthias
Berking, Professor für Klinische Psychologie und Psychotherapie an der Universität Erlangen-Nürnberg. Aber das erfordert Geduld und Ausdauer. Berking hat ein »Training emotionaler Kompetenzen« entwickelt, mit dem man in sieben
Schritten ans Ziel gelangen kann. Am Anfang steht die be-
wertungsfreie Selbstbeobachtung während einer Gefühlskri-
se: »Was passiert mit meinen Muskeln, meiner Atmung, mit
mir? Es ist sehr hilfreich zu benennen, was für ein Gefühl
man gerade empfindet«, so Berking. Dies schafft eine Verbindung zwischen den emotionalen Systemen in unserem Ge-

hirn und den rationalen Ebenen. Es verhindert, dass man impulsiv reagiert.

Ein ganz zentraler Schritt im Training der Emotionsregulation ist die Akzeptanz der eigenen Emotionen: »Oft ist das Problem, dass weitere sogenannte Sekundäremotionen entstehen: dass also der Wutpatient wütend auf sich selbst wird, wenn er Wut empfindet. Oder der Angstpatient Angst vor der Angst entwickelt«, sagt der Psychologe. »Das wiederum kann zum chronischen Zustand führen, weil man sich nicht mehr mit dem eigentlichen Ursprungsgefühl beschäftigt, sondern nur noch mit der Sekundäremotion.« Um diesen Teufelskreis zu durchbrechen, muss es dem Patienten zunächst gelingen, seine Emotionen zu akzeptieren. »Es geht nicht darum, die Emotionen zu unterdrücken oder sich schönzureden, es geht um eine Neubewertung, zu erkennen, dass die Wut, die Angst, die Scham nicht so negativ sind, wie ich glaube.« Dabei hilft die Erkenntnis, dass negative Emotionen ihren Sinn haben. »Sie schützen uns«, sagt Berking. »Stress beispielsweise erhöht unsere Leistungsfähigkeit, Angst schützt uns vor Gefahren, Ärger gibt uns Energie zur Selbstbehauptung, Scham sorgt dafür, dass wir soziale Regeln einhalten.«

Ist der Patient am Punkt der Selbstakzeptanz angelangt, ist er erst wirklich bereit, seine Emotionen zu regulieren. Und auch hier lauert noch die Gefahr, dass er glaubt, sie akzeptiert zu haben – aber es gar nicht wirklich tut. Das Training emotionaler Kompetenz erfordert deshalb einen langen Atem, wie Matthias Berking betont. »Das ist wie Muskeltraining – man muss es regelmäßig machen.« Am besten mit einem Therapeuten oder in einer Gruppe.

2. Die Dritte-Person-Methode

Beim Benennen des eigenen Gefühls nutzen wir typischerweise die Ichform: Ich habe gerade Angst, ich bin jetzt wütend. Ein Team von Psychologen um Jason Moser und Ethan Kross von der Michigan-State-Universität hat herausgefunden: Das Verbalisieren von Gefühlen ist noch viel wirksamer, wenn man es in der dritten Person tut. Man sollte also nicht sagen: »Ich habe Angst«, sondern sich selbst beim Vornamen nennen. Zugegeben, es klingt befremdlich, über sich selbst in der dritten Person zu sprechen. Das Schöne ist: Man muss das nicht laut tun, es reicht, wenn man es in Gedanken sagt. »Wir dachten, wenn die Leute in der dritten Person auf sich Bezug nehmen, betrachten sie sich selbst eher so, wie sie eine andere Person sehen«, erläutert Jason Moser die Ausgangshypothese der Forscher. »Selbstreflexion in der dritten Person könnte helfen, psychologische Distanz zu Erlebnissen zu gewinnen. Das könnte nützlich sein für die Regulierung negativer Emotionen.«

Um ihre Vermutung zu überprüfen, machten die Psychologen zwei Versuche. Im ersten zeigten sie den Probanden emotional aufwühlende Fotos und baten sie, ihre Gefühle zu reflektieren, während sie aufgeregt vor dem Bildschirm saßen – mal in der Ichform, mal in der dritten Person. Während ihres Versuchs maßen Moser und Kross per EEG die Hirnströme. Im zweiten Versuch setzten die Psychologen Probanden in einen Hirnscanner, der die Aktivität in einzelnen Hirnregionen sichtbar machte. Diesmal sollten die Probanden negative Erlebnisse aus ihrer Erinnerung wachrufen und anschließend ihre Gefühle reflektieren, mal in der Ichform, mal in der dritten Person.

Ergebnis: Beim ersten Experiment waren die Ausschläge der Hirnströme geringer, wenn die Probanden über ihre Gefühle in der dritten Person reflektierten, als wenn sie das in der Ichform taten. Beim detaillierten Blick ins Gehirn im Zuge des zweiten Experiments sahen die Forscher zwar in der Hirnregion, die bei Furcht typischerweise aktiv ist, durch die Dritte-Person-Methode keine verminderte Aktivität, wohl aber im Stirnbereich der Großhirnrinde. Diese Region ist involviert bei der Kontrolle negativer Emotionen. Die Forscher schließen daraus, dass ihre neue Methode Emotionen mit weniger Aufwand regulieren kann als etwa Achtsamkeitstraining oder Meditation. »Falls wir mit unserer Vermutung richtigliegen«, so Ethan Kross, »ergeben sich daraus wichtige Implikationen für unser grundlegendes Verständnis davon, wie Selbstkontrolle funktioniert und wie Menschen ihre Emotionen im Alltag in den Griff bekommen.«

3. Botox spritzen

Unser Gesicht ist Ausdruck unserer Gemütslage. Aber unsere Mimik ist keine Einbahnstraße – schon seit Langem vermuten Forscher, dass der Gesichtsausdruck einer Emotion diese über eine Rückkoppelschleife verstärkt. Wenn wir lächeln, ist die Freude stärker, wenn wir die Stirn runzeln, die Sorge tiefer. Dieses sogenannte Facial-Feedback geschieht wahrscheinlich über mehrere Kanäle: Das Gehirn erhält Rückmeldung von der entsprechenden Gesichtsmuskulatur. Zudem reagieren Mitmenschen entsprechend auf unsere Mimik positiv oder negativ.

Vor zwölf Jahren beobachteten Dermatologen erstmals Stimmungsaufhellungen bei Patienten, die sich die Sorgenfalte zwischen den Augenbrauen mit dem muskellähmenden Gift Botox hatten glätten lassen. In drei Studien an insgesamt etwa 134 Patienten zeigte sich, dass die Glättung der Sorgenfalte mit Botox depressive Symptome deutlich verminderte – verglichen mit einer Kontrollgruppe, die nur Kochsalzlösung in die Stirnfalte injiziert bekam. Der Effekt überdauerte die Wirkung des Botox und war auch unabhängig davon, ob die Patienten vor dem Eingriff eine ausgeprägte Sorgenfalte besaßen oder nicht.

Gregor Hasler, Depressionsforscher an der Universitätsklinik für Psychiatrie und Psychotherapie in Bern, rekrutiert derzeit Probanden für eine weitere Studie, die vor allem den Wirkmechanismus der Botox-Behandlung untersucht. Bislang wurde als Placebo reine Kochsalzlösung eingesetzt – allerdings enttarnte der fehlende optische Glättungseffekt die Placebogruppe. »Wir wollen daher das Botox mit einer Hyaluronsäure-Injektion in die Sorgenfalte vergleichen«, sagt der Forscher. Hyaluronsäure ist ein Füllstoff, die Falte wird durch die Injektion quasi ausgebeult. Sollte die antidepressive Wirkung vorwiegend durch optische Rückkoppeleffekte der Mimik erfolgen, müssten sich in der Hyaluronsäure-Gruppe ähnlich starke Effekte zeigen.

Depressive zusätzlich mit Botox zu behandeln, hält Hasler jedoch noch für verfrüht: »Die Substanz hat Potenzial. Aber wir brauchen auf jeden Fall noch größere Studien, um die Wirkung zu untermauern.« Sollte sie sich jedoch bestätigen, wäre dies eine überraschende Bereicherung der Behandlung von Depressiven – denn Antidepressiva haben Nebenwirkungen, und nicht allen Patienten kann mit herkömmlichen Antidepressiva ausreichend geholfen werden.

4. Glücksdosis

Das Hormon Oxytocin wurde 1905 entdeckt. Es ist bei vielen Tierarten und beim Menschen aktiv und wirkt arterhaltend. Es löst Wehen aus, bewirkt die Ausschüttung der Muttermilch, stärkt die Mutter-Kind-Bindung. Doch es kann noch mehr: Vor rund 15 Jahren entdeckten Wissenschaftler heilsame Einflüsse auf unsere Gefühle. In Hunderten Studien wurde Probanden Oxytocin-Nasenspray verabreicht – nur über diesen Weg erreicht das Hormon das Gehirn. »Das Hormon stärkt nicht nur unser Bindungsverhalten, sondern auch unsere Empathiefähigkeit und das Vertrauen in andere Menschen«, sagt Markus Heinrichs, Psychologe an der Universität Freiburg. Der Forscher vermutet, dass Oxytocin vor allem die Amygdala-Aktivität herunterregelt – ein Zentrum im Gehirn, das an der Entstehung von Furcht und Angst beteiligt ist. »Das wiederum führt dazu, dass wir in sozialen Situationen angst- und stressfreier werden und so aufmerksamer sind für die Signale anderer«, sagt Heinrichs.

Wenn Oxytocin uns von düsteren Gefühlen befreit und unsere positiven Seiten hervorkehrt – warum nehmen wir dann nicht bei Bedarf eine Nase davon? Würden Nervenbündel so nicht leichter in Prüfungssituationen bestehen und Schüchterne leichter ihre sozialen Ängste überwinden? Heinrichs ist vorsichtig: »Ich könnte mir vorstellen, dass Oxytocin unterstützend eingebettet in eine Psychotherapie Leuten mit einer sozialen Angststörung helfen könnte.« Aber ein Hormonhub bietet keinesfalls eine einfache Lösung.

Niederländische Forscher verglichen zwei Personengruppen, die eine bekam das Hormon, die andere nicht. Das Ergebnis war zwiespältig: Oxytocin machte die Probanden zwar sozialer – aber nur gegenüber den Mitgliedern ihrer eigenen Gruppe. Gegenüber Gruppenfremden verstärkte das Hormon ablehnende Gefühle. Das passte nicht ins Bild des »sozialen Hormons«. Weitere Experimente zeigten, dass Oxytocin auch negative Emotionen wie Neid beförderte und sogar die Bereitwilligkeit zu lügen – wenn das der Gruppe diente. Carsten de Dreu von der Universität Amsterdam, der einige dieser Studien geleitet hat, bewertete seine Ergebnisse so: »Das ist der beste Beweis, dass Oxytocin kein ›Moralhormon‹ ist.« Markus Heinrichs bekräftigt: »Aus Tierversuchen weiß man, dass Oxytocin arterhaltend wirkt, da ist es naheliegend, dass zunächst die eigenen Nachkommen bevorteilt werden.« Von Selbsttherapie mit online bestelltem Nasenspray rät Heinrichs ab, vor allem bei Kindern: »Oxytocin ist kein Medikament. Es ist ein Hormon, das zahlreiche Wirkungen im Körper entfaltet, von denen wir vielleicht noch gar nicht alle kennen – insbesondere nicht seine langfristigen.«

Hand aufs Herz

In unserem Check zur emotionalen Kompetenz erfahren Sie, wie souverän Sie mit Freude, Wut und Traurigkeit umgehen – und was Sie besser machen könnten.

Starke Gefühle sind eine große Herausforderung, und zwar nicht nur für uns selbst, sondern auch für unsere Umwelt. Es ist wissenschaftlich erwiesen, dass eine mangelnde Regulation und ein ungesunder Umgang mit belastenden Emotionen psychische Probleme und Erkrankungen verursachen und aufrechterhalten können. Für den Psychologieprofessor Matthias Berking von der Universität Erlangen war diese Erkenntnis der Ausgangspunkt für die Entwicklung des »Trainings der emotionalen Kompetenz«. Hierbei wird erlernt, wie man den eigenen Gefühlen bewusst und besonnen begegnet. »Emotionale Kompetenzen sind eine wichtige Voraussetzung für Erfolg und Zufriedenheit«, sagt Berking. Mit dem folgenden Selbsttest können Sie herausfinden, wie gut Sie Ihre Gefühle verstehen und wie konstruktiv Sie mit diesen umgehen.

Mehr Wissen

Die Fähigkeit, Emotionen regulieren zu können, spielt auch bei der Nutzung von Smartphones eine Rolle. Eine wissenschaftliche Untersuchung an Jugendlichen ergab: Jene, die sich depressiv fühlten und ihre Gefühle schlecht regulieren konnten, verbrachten übermäßig viel Zeit am Smartphone. Nur die soziale Unterstützung von Familie oder Freunden half diesen Jugendlichen, die exzessive Smartphone-Nutzung zu senken.

Aufgabe

Beantworten Sie die Aussagen auf den folgenden Listen mit »Ja« oder »Nein«. Wenn Sie sich nicht sicher sind, wählen Sie die Antwort, die eher passt. Zählen Sie alle »Ja«-Antworten zusammen, notieren Sie die Zahl im Extrakästchen.

1

	Ja	Nein
Grundsätzlich interessiere ich mich für das Thema Emotionen.	☐	☐
Ich glaube, es ist wichtig, sich mit den eigenen Gefühlen zu beschäftigen.	☐	☐
Ich schäme mich nicht für das, was ich fühle.	☐	☐

Ja   Nein

Ich horche immer mal wieder in mich hinein oder ☐ ☐
halte im Alltag kurz inne, um mitzubekommen,
wie es mir gerade geht.

Ergebnis: _____ x **Ja**

2

In der Regel weiß ich ganz gut, wie ich mich ge- ☐ ☐
rade fühle.

Ich kann Gefühle wie Angst, Ärger, Traurigkeit, ☐ ☐
Verlegenheit, Scham, Stolz, Zuversicht, Freude
und andere gut erkennen.

Wie ich mich in einer Situation fühle, kann ich in ☐ ☐
der Regel gut beschreiben.

Ich finde Worte für meine Gefühle und kann die- ☐ ☐
se meist auch präzise benennen.

Ergebnis: _____ x **Ja**

3

	Ja	Nein

Mir ist klar, dass auch belastende Gefühle ihren Sinn haben.

Wenn ich unangenehme Gefühle nicht verändern kann, versuche ich, sie zu akzeptieren.

Ich kenne Situationen, in denen ein belastendes Gefühl hochkommt – und ich es ganz in Ordnung finde, dass es gerade da ist.

In der Regel kann ich es ertragen, wenn ich für eine bestimmte Zeit ein belastendes Gefühl aushalten muss.

Ergebnis: _____ x **Ja**

4

Wenn es mir schlecht geht, bin ich besonders nett zu mir.

Wenn ich traurig oder wütend bin, versuche ich, Mitgefühl mit mir selbst zu empfinden.

Ja   Nein

Ich probiere, mir innerlich Mut zu machen, wenn es mir nicht gut geht.

In emotional belastenden Momenten nehme ich mich quasi selbst an die Hand und coache mich, um möglichst gut mit der Situation umzugehen.

Ergebnis: _____ x **Ja**

5

Wenn ich ein belastendes Gefühl abschwächen will, schaffe ich das oft dadurch, dass ich mich mit einer positiven Aktivität ablenke.

Ich habe viele Interessen, auf die ich mich konzentrieren kann, um einen Ausgleich für negative Emotionen zu finden.

Wenn nötig, richte ich meine Aufmerksamkeit gezielt auf Positives, stabilisiere so meine Stimmung, ohne mich zwanghaft von Negativem abzulenken.

Es fällt mir leicht, die Aufmerksamkeit auf angenehme Details zu lenken – und diese zu genießen.

6

Ja   Nein

Mir ist klar, dass meine Gedanken einen wichtigen Einfluss auf mein Empfinden haben.

□ □

Es gelingt mir, auch schwierigen Situationen etwas Positives abzugewinnen.

□ □

Ich kann den Widrigkeiten des Alltags mit Humor begegnen.

□ □

Belastende Situationen sehe ich oft als Herausforderungen, aus denen ich etwas lernen kann.

□ □

Ergebnis: _____ x Ja

7

Wenn ich häufig negative Emotionen habe, sehe ich das als Hinweis darauf, dass gerade etwas nicht so läuft, wie ich es will.

□ □

Wenn ich ein Problem habe, versuche ich zu verstehen, worin es besteht und wie es sich entwickelt hat. Dann überlege ich, wie ich es lösen könnte. Wenn ich einen Plan zur Problemlösung entwi-

□ □

Ja   Nein

ckelt habe, schreite ich zur Tat und arbeite mit ☐ ☐
Ausdauer daran, den Plan umzusetzen.

Wenn ich trotz intensiver Bemühungen ein Pro- ☐ ☐
blem nicht lösen kann, bemühe ich mich darum,
das Unveränderbare zu akzeptieren.

Ergebnis: _____ x Ja

Auswertung

1 Aufgeschlossenheit gegenüber Emotionen

Diese Checkliste zeigt Ihnen, wie offen Sie generell für das Thema Emotionen sind. Haben Sie mindestens zweimal mit »Ja« geantwortet, gehören Sie wahrscheinlich eher zu den Menschen, die keine Berührungsängste mit Gefühlen haben. Das ist gut, denn nur wer auf Emotionen achtet und sie wichtig nimmt, kann zu einem angemessenen Umgang mit ihnen finden. Haben Sie in dieser Liste weniger als zweimal mit »Ja« geantwortet, kann es dafür mehrere Gründe geben. Entweder sehen Sie sich eher als nüchternen Menschen, der mit Gefühlen nicht viel am Hut hat. Oder Sie haben schon so oft belastende Gefühle erlebt, dass Sie diesen lieber aus dem Weg gehen. Doch behalten Sie im Hinterkopf: Je besser man sich mit den eigenen Gefühlen auskennt, desto kompetenter kann man mit ihnen umgehen.

> **Tipp:** Informieren Sie sich theoretisch über die Funktion und die Bedeutung von Emotionen. Oder machen Sie sich mit der Mimikforschung nach Paul Ekman vertraut und lernen so, die Emotionen anderer Menschen zu lesen.

Emotionen erkennen

Wenn Sie mindestens **zweimal mit »Ja« geantwortet** haben, stehen Sie wahrscheinlich in guter Verbindung zu Ihren Gefühlen. Ihre Fähigkeit, diese zu erkennen und zu benennen, ermöglicht es Ihnen auch, sie treffsicherer zu unterscheiden – und sich nach und nach »emotionsspezifische Regulationskompetenz« anzueignen. Soll heißen: Wenn Sie etwa erkennen, dass Sie sich ärgern und dann erfolgreich eine Strategie einsetzen, um diesen Ärger zu bewältigen, können Sie diese Strategie auch für viele weitere »Ärger-Situationen« nutzen. Haben Sie bei dieser Checkliste weniger als zweimal mit »Ja« geantwortet, kann es sein, dass Sie Ihre Gefühle noch nicht gut erkennen und benennen können. Versuchen Sie, sich gelegentlich gezielt auf Ihre Empfindungen zu konzentrieren. Suchen Sie nach Worten, mit denen sich ein Gefühl möglichst gut benennen oder beschreiben lässt. Fragen Sie sich im Alltag: Spüre ich gerade Wut, Angst, Freude, Stolz …?

Tipp: Hinter vielen vermeintlich körperlichen Problemen stecken Emotionen. Ein Beispiel: Weil Angst starkes Herzklopfen auslösen kann, werden Angstreaktionen zuweilen mit einem Herzinfarkt verwechselt. Die betroffenen Personen suchen dann oft medizinische Behandlung für eine Erkrankung, die sie gar nicht haben. Um solche Fehlbehandlungen zu vermeiden, ist es wichtig,

Emotionen zu erkennen und zu wissen, wie diese sich körperlich äußern. Überlegen Sie doch einmal, mit welchen Körperreaktionen Angst, Ärger, Traurigkeit, Scham, depressive Stimmung und Freude einhergehen.

Emotionsakzeptanz und –toleranz

Es klingt etwas paradox: Nur wer »unangenehme« Gefühle wie Angst, Wut, Traurigkeit in gewissem Rahmen annehmen kann, findet auch einen guten Umgang damit. Denn nur der, der ein Gefühl akzeptiert, bringt die Ruhe ins emotionale System, die notwendig ist, um an der Veränderung des Gefühls zu arbeiten. Andersherum: Wer ein Gefühl negativ bewertet, löst dadurch negative Gefühle aus. Werden diese wieder negativ bewertet, entsteht ein Teufelskreis. Wenn Sie in dieser Liste also mindestens zweimal mit »Ja« geantwortet haben, verfügen Sie über die Fähigkeit zur Annahme von Gefühlen – eine der wichtigsten emotionalen Kompetenzen. Wenn Sie weniger als zweimal »Ja« angekreuzt haben, lohnt es sich, die Akzeptanz von unerwünschten Emotionen ein wenig zu trainieren.

> **Tipp:** Das Zulassen eines negativen Gefühls kann kurzfristig mehr Schmerz bedeuten. Aber wenn Sie ein Gefühl wie Trauer erfahrungsoffen zulassen, wird es nach gegebener Zeit von allein abklingen.

 ## Emotionale Selbstunterstützung

Haben Sie hier **zweimal oder häufiger mit »Ja« geantwortet,** sind Sie offensichtlich in der Lage, sich in emotional belastenden Situationen selbst unterstützend zur Seite zu stehen. Das ist wichtig, denn harsche Selbstkritik führt zu negativen »Sekundäremotionen«, die erst aus der Reaktion auf die ursprüngliche Situation entstehen. Falls Sie in dieser Liste nur einmal oder gar nicht »Ja« angekreuzt haben, könnten Sie probieren, eine freundlichere und mitfühlendere Haltung sich selbst gegenüber zu trainieren. Sie könnten etwa in der nächsten Situation, in der Sie sich unsicher, schwach oder belastet fühlen, bewusst nett zu sich selbst sein – und sich innerlich etwas Aufbauendes sagen, etwa »Ich bin bei dir«, »Ich helfe dir« oder »Du hast schon vieles geschafft, das schaffst du jetzt auch«.

> **Tipp:** Was heißt eigentlich, gut zu sich selbst sein? Überlegen Sie sich Dinge, die Sie schön finden und gern mögen und mit denen Sie sich selbst trösten können. Das kann ein heißes Bad sein, ein Spaziergang, ein Lieblingssong. Betreiben Sie Selbstfürsorge, indem Sie sich mindestens eine angenehme Tätigkeit pro Tag schenken.

Emotionsregulation durch Aufmerksamkeitslenkung

Wenn Sie mindestens zweimal mit »Ja« geantwortet haben, verfügen Sie über die Fähigkeit, Ihre Aufmerksamkeit so auszurichten, wie es zur Regulation innerer Stimmungen notwendig ist. Eine wichtige Kompetenz! Denn sowohl das gezielte Ablenken als auch das bewusste Wahrnehmen von Emotionen sind wichtige Fähigkeiten. Sollten Sie in dieser Liste weniger als zweimal mit »Ja« geantwortet haben, könnten Sie vielleicht einmal gezielt trainieren, Ihre Aufmerksamkeit bewusst zu lenken.

> **Tipp:** Menschen, die zu Grübeleien neigen, profitieren davon, ihre Gefühls- und Gedankenkreisläufe zu unterbrechen – indem sie sich auf etwas

anderes konzentrieren. Nehmen Sie sich einige Minuten Zeit, setzen Sie sich bequem hin. Konzentrieren Sie sich zunächst eine Minute lang nur auf das, was Sie sehen: Schauen Sie durch den Raum, und achten Sie gezielt auf Kontraste, auf Ecken und Winkel. Oder achten Sie auf verschiedene Schattierungen der Farben Grün oder Rot. Dann schließen Sie die Augen, und richten Sie Ihre Aufmerksamkeit eine Minute lang auf alles, was Sie hören. Versuchen Sie, fünf Geräusche zu differenzieren. Zuletzt konzentrieren Sie sich noch eine Minute lang auf das, was Sie spüren. Wie fühlt sich Ihre Haut an? Spüren Sie Wärme oder Kälte? Mit dieser Übung kann man lernen, aufmerksamer für die eigenen Wahrnehmungen zu sein. Und je mehr Aufmerksamkeit bei den Wahrnehmungen ist, umso weniger bleibt für grüblerische Gedanken übrig.

6 Emotionsregulation durch Neubewertung

Wenn Sie **mehr als zweimal mit »Ja« geantwortet** haben, verfügen Sie über die mentale Flexibilität, die notwendig ist, um Ihre Gefühle mithilfe von Gedanken zu beeinflussen. Gemeint ist hier kein simples »positives Denken«, eher der Blick dafür, welche Bewertungsspielräume es in einer Situation gibt. Wenn etwa Dinge passieren, die uns belasten, kann man dies als »Katastrophe« sehen – und sofort ins Grübeln oder in Wut verfallen. Man kann aber auch Katastrophendenken und Generalisierungen (»Immer geht alles schief«) bewusst beiseitelassen – und stattdessen versuchen, die Situation aus einem positiveren Blickwinkel zu betrachten. Einfache Fragen wie »Ist das wirklich eine Katastrophe (oder lediglich schade und unangenehm)?« oder »Hat das vielleicht auch Vorteile?« können helfen. Falls Sie weniger als zweimal mit »Ja« geantwortet haben, könnte es sich lohnen, sich ein größeres Repertoire an gedanklichen Bewertungen zuzulegen und so Ihre kognitive Flexibilität zu erhöhen.

Tipp: Üben lässt sich die Neubewertung ganz einfach in Alltagssituationen, etwa im Stau. Versuchen Sie dann, der Situation mindestens einen positiven Aspekt abzugewinnen. Achtung: Erwarten Sie nicht, dass eine solche »kognitive Umstrukturierung« sofort wirkt. Aber wenn Sie regelmäßig üben, werden Sie sich immer mehr kognitive Flexibilität aneignen – und das lohnt sich. Um für die nötige Ausdauer zu sorgen, ist es hilfreich, schon den Versuch der Umbewertung innerlich zu bejubeln.

7   Emotionsregulation durch Problemlösung

Wenn Sie **mindestens zweimal mit »Ja« geantwortet** haben, sind Sie ein Experte im Lösen von Problemen. Das ist hilfreich für die langfristige Bewältigung unerwünschter Gefühle, denn diese sind ja oft ein Signal dafür, dass man irgendwo Schwierigkeiten hat. Und oft ändern sich negative Gefühle erst dann nachhaltig, wenn man das dahinterliegende Problem versteht, angeht und löst. Wenn Sie in dieser Checkliste also weniger als zweimal mit »Ja« geantwortet haben, könnten Sie sich überlegen, ob Sie Ihre Fähigkeiten, Probleme zu lösen, gezielt schulen wollen.

Tipp: Achten Sie in den nächsten Tagen bewusst darauf, in welchen Alltagssituationen immer wieder Emotionen wie Angst, Unruhe oder Ärger auftauchen. Das können banale Momente sein, etwa der regelmäßige morgendliche Streit mit den Kindern oder Ärger mit einem anstrengenden Kollegen. Überlegen Sie nüchtern: Was könnte das dahinterliegende Problem sein? Läuft etwas komplett anders, als Sie es sich wünschen? Gibt es eine Sache oder eine Person, von der Sie enttäuscht sind? Versuchen Sie, Antworten auf diese Fragen zu finden, in-

dem Sie ein paar Stichworte zu jedem Punkt notieren. Falls Sie eine Idee davon bekommen, was
Sie wirklich beschäftigt, können Sie daraus erste Lösungsansätze entwickeln.

COACHING

Gefühle verstehen und annehmen

Werden Sie häufig von Wut und Traurigkeit überrollt? Oder wissen Sie oft nicht, wie Sie sich fühlen? In diesem Trainingsprogramm lernen Sie, Ihre Gefühle besser zu verstehen, zu akzeptieren, zu regulieren – und einen Umgang mit jenen Emotionen zu finden, vor denen Sie sich fürchten.

Viele Menschen lassen nur deshalb keine Emotionen zu, weil sie befürchten, dann in Gefühlen zu ertrinken. Die Angst vor einem Kontrollverlust ist groß. Dabei zeigen Studien eher das Gegenteil: Gefühle, die wir zulassen, verlassen uns auch irgendwann wieder. Wenn wir sie wahrnehmen und zugleich annehmen, scheinen sich die Gefühle schneller zu beruhigen.

Dauer

Der Umgang mit Gefühlen ist ein sensibles Thema, das Zeit braucht. Nehmen Sie sich für dieses Coaching also mindestens vier, wenn Sie die Geduld haben, sogar acht Wochen. Wenn Sie jeder Übung eine Woche widmen, können die Aufgaben nachwirken, Sie werden sich für Ihre Gefühle mehr öffnen – und auch die Steuerung der Emotionen ausgiebiger üben können.

Schritt 1: Gefühle wahrnehmen und richtig einordnen

»Was fühlst du?« Die meisten Menschen glauben, dass sie diese Frage beantworten können. Doch tatsächlich vielen fällt das Erkennen von Emotionen schwer. »Häufig werden Gefühle, Gedanken und Körperwahrnehmungen verwechselt«, sagt der Psychotherapeut Andreas Knuf. In diesem ersten Schritt geht es deshalb darum, sich für »Basisgefühle« zu sensibilisieren – und so die eigenen Emotionen besser zu verstehen.

Übung: Drei wichtige Gefühle erkennen – Freude, Angst, Ärger

Psychologen haben, je nach Ansatz, fünf bis sieben Basisemotionen definiert, die kulturübergreifend bei allen Menschen vorkommen sollen. In dieser Übung geht es darum, drei der wichtigsten Gefühle – nämlich Freude, Angst und Ärger – genauer wahrzunehmen. Dazu finden Sie hier jeweils eine Liste mit Adjektiven, die verschiedene Nuancen der Emotion genau beschreiben – und sie dadurch greifbarer machen. Lesen Sie sich diese drei Listen zunächst genau durch:

Freude
zufrieden, beruhigt, sorglos, gelassen, vertraut, friedvoll, befreit, dankbar, froh, gut gelaunt, vergnügt, belustigt, begeistert, lebendig, beglückt, wie neugeboren, beschwingt,

entzückt, leidenschaftlich, jubelnd, strahlend, sprühend, warmherzig, beseelt, unbekümmert, voller Vorfreude

Angst
empfindlich, verletzlich, vorsichtig, zaghaft, unentschlossen, befangen, beklommen, unbehaglich, unwohl, verschlossen, besorgt, skeptisch, bange, aufgeregt, schreckhaft, erschrocken, furchtsam, misstrauisch, hilflos, entsetzt, alarmiert, schockiert, voller Grauen

Ärger
frech, ungeduldig, quengelig, bockig, unzufrieden, genervt, frustriert, missmutig, brummig, verdrossen, verbittert, spöttisch, feindselig, giftig, kalt, hart, gehässig, widerwillig, ungehalten, wütend, unlustig, grausam, hitzig, sauer, rebellisch

Suchen Sie sich nun eine Emotion aus, die Ihnen vertraut ist, und eine, die für Sie eher fremd ist – und versuchen Sie, beide Emotionen eine Woche lang bei sich selbst genauer zu beobachten. Sehen Sie diese Übung als ein Experiment, sich im Laufe der Woche immer wieder einmal auf dieses Gefühl einzulassen. Notieren Sie:

Ein Gefühl, das mir vertraut ist und das ich beobachten will:

Ein Gefühl, das mir nicht vertraut ist und das ich beobachten will:

Reflexion

Damit Sie auch im hektischen Alltag daran denken, sensibel und offen für die beiden ausgewählten Emotionen zu bleiben, kann es helfen, sich abends vor dem Schlafengehen ein paar Minuten hinzusetzen und zu reflektieren, wann Sie am Tag mit dem vertrauten und dem unvertrauten Gefühl zu tun hatten und wie es Ihnen dabei ging.

- Wann haben Sie das vertraute Gefühl gespürt?
- Wann haben Sie das unvertraute Gefühl gespürt?
- Was hat Sie überrascht? Was haben Sie gelernt?

Wichtig: Sie werden in der Rückschau vielleicht feststellen, dass Sie die ausgewählten Gefühle oft nur abgeschwächt oder vielleicht auch gar nicht erlebt haben. Das heißt nicht, dass Sie etwas falsch gemacht haben: Im Alltag sind heftige Gefühle viel seltener, als wir annehmen. Gefühle laufen eher im Hintergrund als eine Art Begleitmusik mit.

Zusatzübung: Sind Sie ein Gefühlsprofi?

Es gibt Menschen, die sehr emotional sind und Gefühle gut zeigen können oder die von Emotionen ständig geleitet und sogar überflutet werden. Falls Sie zu diesen Menschen gehören, werden Sie mit den Aufgaben in diesem Schritt keinerlei Probleme haben. Das ist erst mal schön. Freuen Sie sich. Es kann sich aber lohnen, einmal zu prüfen, ob Sie zu den Menschen gehören, die ein Zuviel an Emotionen erleben und zeigen. Psychotherapeuten erleben immer wieder Klienten, die sich in jedes Gefühl hineinstürzen und Emotionen als Lebenselixier missverstehen. Ob Sie zu dieser Art des »Überdrehens« neigen, können Sie feststellen, indem Sie sich folgende Aussagen ehrlich beantworten:

	Ja	Nein
Ich finde Tage, an denen ich keine überwältigenden Gefühle erlebe, langweilig oder sinnlos.	☐	☐
Ich fühle mich erst wirklich lebendig, wenn ich starke Gefühle von Freude, Traurigkeit oder Verärgerung spüre.	☐	☐
Von Gefühlen werde ich regelmäßig, also beinahe täglich, vollkommen überwältigt.	☐	☐
Ich bin beispielsweise oft so traurig, gerührt oder glücklich, dass ich auch im Alltag weine, einen Lachanfall bekomme oder die ganze Welt umarmen könnte.	☐	☐

Andere weisen mich häufig darauf hin, dass ich ein ☐ ☐
besonders emotionaler Mensch bin.

Falls Sie hier mehr als eine Aussage mit »Ja« beantwortet haben, kann es sein, dass Sie dazu tendieren, Gefühle zu intensivieren oder sie als Lebensmotor zu sehen. Das kann sehr anstrengend werden. Probieren Sie in der kommenden Woche an zwei Tagen aus, nicht ganz in die emotionalen Vollen zu gehen – und prüfen Sie, wie sich das anfühlt.

> **Tipp:** Was die eigenen Gefühlsäußerungen angeht, schätzen sich viele Menschen falsch ein. Fragen Sie doch mal Ihren Partner oder einen Freund, welche Emotionen Sie aus seiner Sicht besonders häufig zeigen oder zulassen. So kommen oft überraschende Erkenntnisse zutage!

Schritt 2: Die eigene Einstellung zu Gefühlen kennenlernen

In unserer Kultur gilt es oft nicht als höflich oder passend, Gefühle zu zeigen. Deshalb haben sich viele Menschen Vorbehalte angewöhnt, wenn es um Angst, Wut, Scham oder Freude geht. Diese Skepsis kann aber das Verhältnis zu unseren Empfindungen stören. Deshalb lohnt es sich, grundsätzlich seine Haltung zum eigenen Gefühlshaushalt zu betrachten.

Im Folgenden finden Sie eine Checkliste mit einigen weit-verbreiteten Ansichten, vor allem zu den oft als unangenehm empfundenen Gefühlen Wut, Angst und Traurigkeit. Prüfen Sie, welche Aussagen Ihrer eigenen Haltung am ehesten entsprechen.

- [ ] Was sollen die Leute von mir denken, wenn ich so trau-rig oder wütend bin?
- [ ] Ich muss stark sein und funktionieren, dazu passen hef-tige Gefühle nicht.
- [ ] Gefühle sind doch ohnehin eher peinlich.
- [ ] Es ist letztlich sinnlos, so viel zu fühlen.
- [ ] Wer weint oder tobt, ist schwach.
- [ ] Ich befürchte, dass dieses unangenehme Gefühl nicht mehr aufhört und mich total überschwemmt, wenn ich es erst einmal zulasse.
- [ ] Ich werde depressiv oder komplett aggressiv, wenn ich meinen Emotionen Raum gebe.
- [ ] Männer sollten nicht so viele Gefühle zeigen, das hat ein-fach keinen Stil.
- [ ] Ich komme mit Wut zurecht, aber nicht mit Traurigkeit.
- [ ] Ich komme mit Traurigkeit zurecht, aber nicht mit Wut.
- [ ] Gern Freude und Euphorie – aber alle anderen Gefühle bedeuten, dass mit einem etwas nicht stimmt.

Haben Sie sich in zwei oder mehr dieser Aussagen wieder-
gefunden? Dann ist es wahrscheinlich, dass Sie Gefühle im
Alltag gelegentlich blockieren, weil Sie sich vor ihnen fürch-
ten oder sie mit Schwäche assoziieren. Diese Haltung haben
viele Menschen. Wird sie zu stark, können unerwünschte
Nebenwirkungen auftreten: Denn indem man Gefühle un-
terdrückt, abwehrt oder abwertet, werden diese oft stärker.
Falls Sie solche Negativspiralen kennen, kann es ratsam sein,
Ihre Einstellung etwas zu modifizieren. Dabei hilft es, wenn
Sie sich an Lebensphasen erinnern, in denen Sie offener für
Gefühle waren:

Übung: Erinnerungen

- Haben Sie einmal ein Vorhaben umgesetzt, obwohl Sie
  Angst hatten? Sich auf eine Reise oder in ein Abenteuer
  begeben, obwohl Sie sich fürchteten?
- Haben Sie in einer Krisenphase Wut oder Traurigkeit
  durchlebt – und diese anderen auch gezeigt?
- Haben Sie ganz gegen Ihre Gewohnheit geweint, getobt
  oder sich jemandem in Ihrer Schwäche anvertraut?

Fast jeder Mensch erlebt gelegentlich Phasen, in denen kaum
ein anderer Weg bleibt, als Gefühle zuzulassen, sich mit
Ängsten oder Traurigkeit zu konfrontieren und auch andere
davon wissen zu lassen. Oft werden diese Phasen im Nach-
hinein als Gewinn gesehen. Viele Menschen erleben auch,
dass sie aus einer solchen emotionalen Krise gestärkt hervor-
gegangen sind.

Reflexion

Denken Sie nun an eine solche Phase oder ein solches Erlebnis zurück: An welche Krisenzeit oder an welche abenteuerliche Zeit denken Sie?

Nehmen Sie Zettel und Stift zur Hand und schreiben Sie ein paar konkrete Erinnerungen auf:

- Welche Ihrer üblichen Einstellungen zu Emotionen haben Sie damals überwunden oder fallen gelassen?
- Was könnten Sie von diesen Erkenntnissen in Ihren jetzigen Alltag mitnehmen?

Schritt 3: Mit starken Gefühlen umgehen lernen

Viele Menschen lassen nur deshalb keine Emotionen zu, weil sie befürchten, dann von ihren Gefühlen überrollt zu werden. Die Angst vor einem Kontrollverlust ist groß. Dabei zeigen Studien eher das Gegenteil: Gefühle, die wir zulassen, verlassen uns auch irgendwann wieder. Wenn wir sie wahrnehmen und zugleich annehmen, scheinen sich die Gefühle schneller zu beruhigen.

Übung: Gefühle gehen vorbei

Über Emotionen kursieren viele falsche Vorstellungen. In therapeutischen Trainings zur emotionalen Kompetenz erfahren Teilnehmer deshalb oft erst einmal Fakten über den Verlauf von Gefühlen. Ein wichtiger Merksatz: »Gefühle sind vergänglich.«

Gefühle sind also eine Phase, jedenfalls, wenn man ihnen genug Raum gibt. Die meisten Menschen kennen dieses Phänomen aus Momenten des Ärgers – die Wut verraucht oft schnell. Versuchen Sie in den nächsten Tagen, diesen Gefühlsverlauf in Ihrem Alltag zu beobachten: Sobald eine kleine, aber prägnante Emotion auftaucht, etwa eine leichte Traurigkeit, wenden Sie sich bewusst diesem Gefühl zu, und geben Sie ihm Raum. Beobachten Sie, ob der Kurvenverlauf der Emotion – von stark zu schwach – für Sie spürbar wird.

Tipp: Wenn Sie den Eindruck haben, dass Ihre Gefühle Sie überschwemmen, können Sie versuchen, sich auf eine andere Körperempfindung zu konzentrieren: Wenden Sie sich etwa Ihren Füßen zu. Fragen Sie sich: »Wie geht es meinen Zehen?« oder »Wie geht es meinen Fußsohlen?« Sie können auch bis in die Zehenspitzen atmen. Oft kann man so Gefühle abschwächen – ohne sie komplett zu unterdrücken.

Reflexion

Falls Sie während dieser Übungen die Erfahrung machen, dass das Zulassen von Emotionen viel weniger beängstigend ist, als Sie befürchtet haben, ist das ein Zeichen, dass Sie sich in diesem Coaching mehr zutrauen können. Falls diese Übungen Sie dagegen ängstigen, Sie diese gar nicht machen wollen oder beim Ausprobieren den Eindruck hatten, dass die Gefühle sich verselbstständigen, könnte es sein, dass Sie gar nicht mit aktuellen Gefühlen beschäftigt sind, sondern mit unverarbeiteten Empfindungen, etwa aus Ihrer Kindheit oder Jugend. Lassen Sie in diesem Fall die Übungen erst einmal ruhen. Überlegen Sie, ob es sich für Sie lohnen könnte, für das Thema »Umgang mit Gefühlen« einige Stunden Coaching oder Beratung in Anspruch zu nehmen. Mit fachkundiger Begleitung könnten Sie Ihren Gefühlen zukünftig beherzter begegnen und verstehen, warum Sie so heftig reagieren.

Schritt 4: Die Technik des »inneren Beobachters«

In der psychologischen Beratung und in Achtsamkeitstrainings gibt es Aufgaben, mit denen Teilnehmer üben, sich selbst von außen zu beobachten und ohne Wertung wahrzunehmen, welche Gedanken, Gefühle und Körperempfindungen sie gerade haben. Diese Instanz, die von einem neutralen Punkt aus zusieht, nennt man den »inneren Beobachter«. Hier lernen Sie, diese Perspektive einzunehmen.

Übung 1: Ein neutraler Punkt

Um den inneren Beobachter aufzuspüren, braucht man ein paar ruhige Minuten. Und Sie sollten allein sein. Setzen Sie sich hin, und richten Sie Ihre Aufmerksamkeit nach innen. Einen guten Anfang findet man etwa, indem man seine Atmung beobachtet. Wenn Ihnen das gelungen ist, stellen Sie sich die Fragen: »Wie fühle ich mich gerade?« und »Welche Gedanken gehen mir durch den Kopf?«.

Probieren Sie, mit einer Mischung aus Neugier und Distanz wahrzunehmen, was sich an Gedanken und Gefühlen auf der inneren Bühne abspielt. Falls es Ihnen schwerfällt, ein konkretes Gefühl ausfindig zu machen, können Sie sich fragen: »Wie ist meine Stimmung heute – angenehm, unangenehm oder neutral?« Diese Frage können die meisten Menschen beantworten.

Versuchen Sie in den nächsten Tagen immer wieder, die Position des inneren Beobachters einzunehmen – mit etwas Abstand beobachten Sie Gefühle und Gedanken, ohne diese zu lenken und zu bewerten. Nach etwa fünf Minuten schließen Sie die Übung ab.

Übung 2: Kleine Pausen

Der innere Beobachter wird aktiviert, wenn wir ihn in einer ruhigen Minute bewusst ansteuern. Probieren Sie das nun gezielt in Ihrem Tagesablauf – wechseln Sie etwa dreimal am Tag für eine Minute in den Beobachtermodus. Um im

Alltag auch daran zu denken, hilft es, die Mini-Innenschau einfach an eine wiederkehrende Alltagsaktivität zu koppeln: Schalten Sie etwa immer in diesen Modus, wenn Sie bei der Arbeit zwischen zwei Terminen sind oder wenn Sie sich ein Getränk aus der Küche holen. Probieren Sie es aus. Meist klappt das in der Kopplung ganz gut. Bereits ein einminütiges Innehalten mehrmals am Tag hat einen klärenden Effekt.

Legen Sie fest: Welche Ankerpunkte im Tag setze ich, um den inneren Beobachter kurz zu aktivieren?

- Wenn ich kleine Pausen mache
- Wenn ich ein Glas Wasser trinke
- Immer vor einem Termin
- Wenn ich mir die Hände wasche
- Nach Telefonaten
- Wenn die Kirchturmuhr läutet
- Sonstige

Schritt 5: Emotionen regulieren und lenken

Bisher haben Sie gelernt, dass es oft gut ist, Gefühle zuzulassen. Das heißt aber nicht, dass man sich in Emotionen wie Trauer oder Ärger hineinsteigern sollte. Zu einem kompetenten Umgang mit Emotionen gehört auch die Fähigkeit, diese regulieren zu können. Hier lernen Sie, wie Sie anhaltende Wut, Traurigkeit oder ein Gefühl von Gekränktheit abschwächen können.

Übung: Neubewertung

Wenn eine immer mal wieder auftauchende Situation uns emotional erschüttert oder belastet, kann es hilfreich sein, sich zu überlegen, welche Facetten dieser Situation möglicherweise auch positiv oder anregend sein könnten. Das ist keine Aufforderung zur Schönfärberei, sondern dazu, einen neuen, anderen Zugang zu den Tatsachen zu bekommen.

Probieren Sie es aus: Nehmen Sie sich eine für Sie unangenehme Empfindung vor, die bei Ihnen häufig vorkommt. Notieren Sie sie.

Nun überlegen Sie, wann dieses Gefühl auftaucht. Sind Sie etwa enttäuscht, weil es regnet? Weil eine Verabredung platzt? Weil jemand in der Familie sich nicht so verhält, wie Sie es sich wünschen? Notieren Sie zwei Situationen, in denen das Gefühl auftaucht.

Versuchen Sie nun, eine dieser Situationen noch mal von allen Seiten zu betrachten, probieren Sie neue Sichtweisen: Sie müssen ja den Regen nicht mögen, aber wenn Sie sagen: »Es wird auch wieder die Sonne scheinen«, ist das bereits eine Umdeutung. Oder wenn Sie sagen: »Gut, die Verabredung findet nicht statt, dafür unternehme ich eine andere schöne Sache.« Versuchen Sie, eine neue Bewertung der Situation zu finden.

Schritt 6: Vermeidungsverhalten erkennen und verändern

Viele der Übungen, die Sie bisher kennengelernt haben, hatten das Ziel, die eigenen Gefühle zu verstehen, anzunehmen und zu verändern – um so größere Sicherheit und Kompetenz im Umgang mit Emotionen zu bekommen. Es gibt allerdings auch eine Strategie im Umgang mit Gefühlen, die laut heutigem Forschungsstand als unproduktiv und sogar destruktiv gilt: Emotionsvermeidung.

Übung 1: Meine Vermeidungsstrategie

Die erste Übung beschäftigt sich mit der Frage, an welchen Punkten Sie auf welche Weise Gefühle vermeiden. Lesen Sie sich die Liste gängiger Möglichkeiten der Emotionsvermeidung durch, und kreuzen Sie an, welche Ihnen bekannt vorkommen:

- ☐ Fernsehen/Serien schauen
- ☐ Soziale Medien/Smartphone/Internet
- ☐ Freunde anrufen
- ☐ Nie allein sein
- ☐ Essen/schlemmen/snacken
- ☐ Drogen/Alkohol trinken
- ☐ Sich streiten, sich aufregen
- ☐ Viel arbeiten, nie fertig werden
- ☐ Exzessiv Sport treiben
- ☐ Shoppen
- ☐ Sonstige

Bis zu einem bestimmten Grad sind alle Aktivitäten natürlich eine legitime und hilfreiche Ablenkung, wenn es einem schlecht geht. Doch irgendwann wird es zu viel! Letztlich hat fast jeder Mensch ein paar ungute Vermeidungsstrategien. Und die meisten wissen auch intuitiv, an welchen Stellen sie etwa Arbeit oder Medien einsetzen, um nicht zur Ruhe zu kommen, sich mit bestimmten Sorgen oder Schmerzen nicht auseinandersetzen zu müssen. Diese Ausweichstrategien sollte man kritisch sehen.

Übung 2: Die Strategie ändern

Es geht nun darum auszuprobieren, wie es sich anfühlt, wenn Sie Ihre gängigen Vermeidungsmechanismen für ein paar Tage weglassen:

- Setzen Sie sich stumm aufs Sofa, statt Serien zu schauen.
- Gehen Sie früher von der Arbeit nach Hause, und machen Sie einen Spaziergang.
- Bleiben Sie allein zu Hause, statt sofort Freunde zu treffen, Anrufe zu tätigen oder ins Netz zu gehen.

Halten Sie auf einem Zettel fest, welches Verhalten Sie sich statt einer Vermeidungsstrategie vornehmen. Experimentieren Sie nun einige Tage damit, wie es sich mit dem Weglassen der üblichen Vermeidungsstrategien lebt – sehr viele Menschen erleben die Folgen als erstaunlich positiv. Nach einer Zeit des Unbehagens, der Langeweile oder der Ratlosigkeit fühlen sich viele bald ruhiger und klarer. Und oft sogar besser gelaunt!

Schritt 7: Emotionale Prägung verstehen

Auch unsere nächsten Bezugspersonen haben unseren Umgang mit Emotionen beeinflusst: In manchen Familien sind Schmerz und Traurigkeit tabu, in anderen darf man darüber reden. Diese persönlichen Prägungen besser zu kennen, steigert Ihre emotionale Kompetenz. Reflektieren Sie deshalb im nächsten Schritt, was Sie in Kindheit und Jugend über Emotionen gelernt haben.

Reflexion:
Meine Familie und ihre Gefühle

Nehmen Sie sich Zeit, um sich auf die Atmosphäre in Ihrer Herkunftsfamilie einzustimmen. Wie war es früher? Wie ist es heute, wenn Sie zu Besuch bei Ihren Eltern sind? Erfühlen Sie die Grundstimmung. Dann beantworten Sie folgende Fragen:

- Wie sind Ihre Eltern mit ihren eigenen Emotionen umgegangen?
- Welche Emotionen waren und sind erlaubt, welche eher nicht?
- Wie wurde und wird in Ihrer Familie mit Krisen und schweren Zeiten umgegangen?
- Überlegen Sie nun: Was habe ich mitbekommen? Was gefällt mir daran, was nicht?
- Was mache ich anders oder würde es gern anders machen?

Schritt 8: Selbstmitgefühl lernen

Sie haben in den bisherigen Einheiten viel über Ihre Emotionen und deren Steuerung erfahren. Das wirkt manchmal vielleicht etwas »technisch«. Zum Abschluss erhalten Sie deshalb ein paar Anregungen, wie Sie grundsätzlich etwas freundlicher mit sich und Ihren Gefühlen umgehen können. Der Psychotherapeut Andreas Knuf ist der Meinung, dass eine freundliche Grundhaltung sich selbst gegenüber hilft, mit Gefühlen aller Art besser umzugehen.

Übung: Innerer Dialog

Viele Menschen erleben etwas Eigenartiges, wenn es ihnen schlecht geht, sie sich schwach fühlen oder sich Trauer, Verzweiflung oder Wut ankündigen. Sofort erhebt sich eine kritische innere Stimme, die sie verurteilt und beschimpft, mit unfreundlichen Kommentaren und Befürchtungen aufwartet. Dieser Stimme kann man eine weitere, freundliche Stimme entgegensetzen und die Selbstkritik so etwas ausgleichen. Hier ein paar positive Beispielsätze, mit denen Sie der kritischen Stimme in emotionalen Situationen antworten können:

- »Es passiert mir nichts, ich kriege das schon hin.«
- »Ich bin stark genug für diese Gefühle.«
- »Hey, das wird schon wieder …«

- »Gerade scheint das Gefühl unangenehm und stark, aber das wird vorbeigehen.«
- »Du hast schon so viele Schwierigkeiten gemeistert, das hier wird dir auch gelingen.«

Diese Sätze klingen in Ihren Ohren vielleicht ein wenig bemüht. Wandeln Sie sie etwas ab. Schreiben Sie ein oder zwei trostreiche, aufmunternde Sätze voller Mitgefühl für sich auf – die sich für Sie stimmig und passend anhören.

Prüfen Sie in den nächsten Tagen immer mal, in welchen emotionalen Situationen solche freundlichen, beruhigenden und tröstenden Sätze passen und wo Sie diese einer eher kritischen oder abwertenden Stimme entgegensetzen könnten. Experimentieren Sie mit dieser Art von freundlichen Sätzen gern auch über das Coaching hinaus weiter. Denn Selbstfreundlichkeit – als Teil des Selbstmitgefühls – gehört zu den wirksamsten Mitteln, um einen guten und leichten Kontakt zu den eigenen Gefühlen zu bekommen.

Wie geht es weiter?

Lesen Sie sich zum Abschluss noch einmal die Liste mit den Übungen dieses Coachings durch. Notieren Sie mindestens eine Übung, die Sie besonders hilfreich fanden, und eine Erkenntnis, die Sie gern aus dem Coaching mitnehmen wollen:

☐ Eine vertraute Emotion und eine fremde Emotion eine Woche lang bei sich beobachten

☐ Die eigene Haltung gegenüber Emotionen besser verstehen

☐ Den Verlauf einer Emotion von stark zu schwach analysieren

☐ Den inneren Beobachter aktivieren und für die regelmäßige Selbstbeobachtung Ankerpunkte setzen

☐ Starke Emotionen neu bewerten

☐ Vermeidungsverhalten erkennen und neues Verhalten einüben

☐ Emotionale Prägungen aus der Kindheit verstehen

> **Tipp:** Ist dieses Coaching Ihnen unerwartet schwergefallen? Haben Sie sich oft ängstlich oder sehr wütend gefühlt? Dann könnte es hilfreich sein, sich um einige Stunden Beratung oder Psychotherapie zu bemühen.

Abschlusshinweis: Jeder leidet

Es gibt seit einigen Jahrzehnten ein gesellschaftliches Glücksversprechen, eine Erwartung an sich selbst und andere, permanent gut drauf zu sein. Dieser Wunsch und Anspruch, es möge einem gut gehen, hat mittlerweile dazu geführt, dass wir uns unter Druck setzen. Der US-Psychologe Steven Hayes, Begründer der Akzeptanz- und Commitment-Therapie (ACT), ist sogar der Meinung, dass der Anspruch auf Glück und gute Gefühle uns krank macht. Er plädiert dafür, uns vor Augen zu führen, dass jeder Mensch gelegentlich leidet, dass Krisen und Phasen von Wut, Enttäuschung, Beschämung zum Leben gehören. Wer dies anerkennt, tut den ersten Schritt zu einem ganz anderen Umgang mit Leid, mit unangenehmen und bedrohlichen Gefühlen. Die bloße Erinnerung daran, dass Leiden zum Leben gehört, kann – so paradox es klingt – ein Trost sein – und helfen, Emotionen, die wir als unangenehm bewerten, eher zuzulassen. Versuchen Sie, sich diese Tatsache gelegentlich zu vergegenwärtigen. Wir alle leiden. Schmerz gehört zum Leben. So kann man ihn ohne große Selbstvorwürfe aushalten.

BUCHEMPFEHLUNGEN ZUM WEITERLESEN

Ursula Nuber: *Der Bindungseffekt. Wie frühe Erfahrungen unser Beziehungsglück beeinflussen und wie wir damit umgehen können,* München: Piper, 2020.

Die Beziehungserfahrungen, die man in der Kindheit macht, prägen nicht nur das Selbstbild, sie bahnen auch den Beziehungsstil im Erwachsenenalter. Wie man die eigenen Bindungsmuster erkennt und ungünstige Gewohnheiten überwindet, zeigt dieses Buch. Empfehlenswert für alle, die sich noch weiter mit den Auswirkungen der Kindheit auf ihr aktuelles Leben beschäftigen wollen.

Andreas Knuf: *Widerstand zwecklos. Wie unser Leben leichter wird, wenn wir es annehmen, wie es ist,* München: Kösel, 2018.

Sich unbändig über die Nachbarn ärgern? Oder enttäuscht sein, wenn etwas nicht so läuft, wie man es erwartet hat? Der Psychotherapeut Andreas Knuf, der dieses Coaching für uns konzipiert hat, erklärt in seinem neuen Buch, wie wir lernen können, Alltagssituationen – und unsere Gefühle – so anzunehmen, wie sie sind. Eine passende Lektüre für alle, die sich für die Neubewertung von Situationen (Schritt 5) interessieren.

Kristin Neff: *Selbstmitgefühl. Wie wir uns mit unseren Schwächen versöhnen und uns selbst der beste Freund werden,* München: Kailash, 2012.

Freundlich zu sich selbst sein, das klingt leicht. Doch vielen Menschen fällt das unerwartet schwer. Kristin Neff, Professorin für Psychologie, forscht an der Universität Austin zum Thema und hat einige Trainingseinheiten dazu entwickelt. Sie gehört zu einem Kreis von Psychologen, die sich gleichermaßen für Buddhismus und Achtsamkeit wie für moderne Psychotherapieansätze interessieren. Für alle, die die Übungen aus Schritt 8 vertiefen wollen.

Sven Barnow: *Gefühle im Griff. Wozu man Emotionen braucht und wie man sie reguliert,* Berlin: Springer, 2014.

Gefühle verstehen und modifizieren – damit beschäftigen sich viele Trainingsprogramme aus der Klinischen Psychologie. Der Heidelberger Psychotherapieforscher Sven Barnow hat mit seinem Hintergrundwissen über solche Programme ein anschauliches Acht-Wochen-Programm herausgegeben, mit dem jeder für sich trainieren kann, Gefühle zu regulieren. Für alle, die oft mit Wut oder Gekränktheit kämpfen.

Christian Peter Dogs: *Gefühle sind keine Krankheit. Warum wir sie brauchen und wie sie uns zufrieden machen,* Berlin: Ullstein, 2017.

Muss es immer gleich eine Psychotherapie sein? – Der Psychiater und Klinikleiter Christian Peter Dogs schildert in seinem unterhaltsamen und fundierten Buch, wann Ängste, depressive Symptome oder tiefe Zweifel therapeutischer Hilfe bedürfen – und mit welchen Gefühlslagen und Krisen man auch ganz gut allein zurechtkommen kann. Das Buch richtet sich an alle, die sich fragen, ob sie aufgrund ihrer Gefühlslage von einer Psychotherapie profitieren könnten.

KAPITEL 2

Kindheit entschlüsseln

Familienbande

Erwartungen der Eltern, fixe Geschwisterrollen, schwelende Konflikte: Es gibt viele Faktoren, die Einfluss auf die Entwicklung eines Kindes nehmen. Sie zu kennen hilft, den eigenen Weg zu finden.

Von Anne Otto

Kennen Sie auch solche Familien? Drei Geschwister, das Mädchen wird Filmemacherin, der eine Junge erfolgreicher Küchenchef, und der andere macht viel Geld mit Start-ups. Oder aber: Drei Geschwister, zwei Mädchen sind erfolgreich im Job, Software-Entwicklerin und Lehrerin, sie führen stabile Beziehungen, gründen eigene Familien; und der Junge rutscht ab, jobbt ziellos herum, nimmt Drogen.

Warum schaffen die einen es im Leben, während die anderen ihren Weg nicht finden? Obwohl die Geschwister doch gleiche Startbedingungen hatten? Weil sehr komplex ist, was in Familien zwischen Abendbrottisch und Geburtstagsfeier, Sonntagsausflug und Weihnachtsfest passiert. Denn die Familie ist wie ein Organismus, in dem es eigene Regeln, Werte und Konflikte gibt und dem man von außen nicht unbedingt ansieht, welche Prozesse innen ablaufen.

»Es heißt, dass Blut dicker als Wasser ist. Damit ist gemeint, dass wir um die Macht der Familie wissen«, sagt der Arzt und Psychotherapeut Gunther Schmidt, hierzulande ein wichtiger Vertreter der Systemischen Therapie und der Hypnotherapie. Doch mit Blut oder Genen habe die starke familiäre Bindung nur zum Teil zu tun. »Vielmehr durchleben Menschen in ihrer Familie viele Jahre lang eine soziale Schwangerschaft, verinnerlichen die dort herrschenden Regeln, Werte und Aufträge.«

Das Motiv für die starke Anpassung an die Anforderungen und das Wohl der Gruppe sei auch evolutionär bedingt: Man will um jeden Preis dazugehören, denn Distanz zur sozialen Gruppe bedeutete für unsere Vorfahren Gefahr oder sogar Tod. »Wir erleben es auch heute noch als Notwendigkeit, uns an die Familie anzupassen, obwohl das vielleicht gar nicht mehr so zwingend ist«, erklärt Schmidt weiter. Dieses Wissen könne helfen, etwas mehr kritischen Abstand zum System Familie und zu den eigenen Verstrickungen damit zu gewinnen.

Denn die Bande sind stark, und sie sind dicht geknüpft. Dass es in engen Bezugsgruppen eine sogenannte soziale Ansteckung gibt, dass dort Normen und Verhaltensmuster weitergegeben werden und es einen Anpassungsdruck gibt, hat der Arzt und Soziologe Nicholas A. Christakis von der Universität Yale in einer groß angelegten Studie belegt. Er wertete Daten von 12 067 Bürgern der Stadt Framingham in Massachusetts und deren Verbindungen untereinander über einen Zeitraum von 32 Jahren aus und konnte belegen, dass Menschen, deren Verwandte und enge Freunde an Fettleibigkeit litten oder rauchten, selbst ein vielfach erhöhtes Risiko hatten, zu viele Kilos auf die Waage zu bringen oder zu rauchen. Bekannte oder Nachbarn haben dagegen kaum Einfluss auf das Gesundheitsverhalten. Auch bei der Frage, ob man Single bleibt oder heiratet, gibt es laut Christakis eine gewisse soziale Ansteckung.

Wir passen uns also an das Verhalten und die Regeln bedeutsamer anderer an; manchmal sogar dann, wenn es nicht guttut. »Gerade in Familien gibt es eine starke Aufforderung zur Loyalität, den gepflegten Lebensstil und die daraus resultierenden Werte nicht zu verlassen«, sagt auch Gunther Schmidt. Diese Verbindlichkeit empfinden Familienmitglieder auch, wenn sie längst erwachsen sind und selbst Kinder bekommen haben.

Gut sichtbar ist die Wirkung von familiären Werten und Wünschen, wenn es um die Berufswahl geht. Im 13. Studierendensurvey aus dem Jahr 2016 zeigt sich etwa, dass es immer noch eine starke »Bildungsvererbung« gibt. 56 Prozent der Universitätsabsolventen sind Kinder von Akademikern, besonders stark ist die Bildungsvererbung in den Fächern Medizin und Ingenieurswesen. Und eine andere Studie legt nah, dass bei gut 20 Prozent der Medizinstudenten schon die Eltern Ärzte sind. Solche Daten sind ein Hinweis auf den Druck aus dem Familiensystem, das können Familientherapeuten bestätigen. »Die Wünsche und Handlungsaufträge der Eltern in Bezug auf die Berufswahl der Kinder sind häufig stark – ohne dass die Eltern sich dessen bewusst sind«, sagt Sandra Konrad, Psychotherapeutin und Autorin des Buches »Das bleibt in der Familie: Von Liebe, Loyalität und uralten Lasten«.

In ihrer Praxis erlebt Konrad immer wieder, dass Eltern fassungslos und betroffen sind, wenn ihnen in einer gemeinsamen Sitzung mit einem erwachsenen Kind erstmals bewusst wird, wie vehement und rücksichtslos sie Sohn oder Tochter gedrängt haben, einen bestimmten Beruf zu wählen. Die Therapeutin erinnert sich etwa an einen jungen Mann, der Medizin studierte, unter Prüfungsängsten litt und so oft durch die erste ärztliche Prüfung fiel, dass er nicht mehr weiterstudieren konnte. Diese Niederlage zog ihm den Boden unter den Füßen weg: Er fühlte sich wertlos, sprach von Suizid. In einer Therapiestunde, zu der auch die Eltern eingeladen wurden, hat sich dann allerdings viel bewegt. Die Mutter weinte, als ihr klar wurde, wie stark ihr Wunsch war, dass ihr Sohn die elterliche Praxis übernimmt – und wie unglücklich sie ihn damit machte. »Oft äußern Eltern in solchen Situationen, dass sie früher tatsächlich wollten, dass das Kind tut, was sie sich wünschen, jetzt aber vor allem möchten, dass das Kind einen eigenen Weg findet und ein zufriedenes Leben führt«, sagt Konrad.

Solche Einsichten verändern oft das ganze Familiensystem. Die Kinder fühlen sich bestärkt, Eltern betrachten kritisch die eigene Geschichte, Zuneigung und Vertrauen zwischen Eltern und erwachsenen Kindern werden gestärkt. Ein Heilungsprozess kommt in Gang. »Es gibt aber auch Eltern, die komplett verständnislos reagieren«, sagt Konrad. »Oft ist das ein Anlass für einen tiefen emotionalen Bruch oder einen Kontaktabbruch.«

Gunther Schmidt nennt solche Verstrickungen »Ziel-Konflikte«. Es laufe immer darauf hinaus, dass man selbst sich anders fühlt und etwas anderes will als das, was die Eltern sich vorstellen. Solche Erwartungen können sein, dass die Kinder im Job erreichen, was den Eltern verwehrt blieb, und einen sozialen Aufstieg machen; oder aber, im Gegenteil, der Wunsch, dass der Nachwuchs in dem weniger privilegierten Milieu verhaftet bleibt. »Wenn schulische Leistungen oder Berufswege erfolgreicher verlaufen als die der eigenen Eltern, fühlen sich viele Kinder als Verräter oder anmaßende Hochstapler«, erklärt Schmidt.

In der Psychologie ist das »Hochstapler-Phänomen« seit über 40 Jahren Forschungsthema. Studien legen nah, dass die Selbstwertschwäche teilweise mit der familiären Herkunft zusammenhängt. Laut einer Metastudie aus dem Jahr 2019 weisen viele Untersuchungen aus dem US-amerikanischen Raum darauf hin, dass Angehörige von Minderheiten, etwa Afroamerikaner, auffallend oft unter dem Hochstapler-Phänomen leiden. In den ersten Studien der Psychologinnen Pauline Clance und Suzanne Imes aus den 1980er-Jahren lag der Schwerpunkt der Forschung noch vermehrt bei erfolgreichen Frauen, die nicht in der Lage waren, sich so erfolgreich und kompetent zu fühlen, wie sie objektiv waren. Wo die positiven Rollenvorbilder in der Familie fehlen, wird es also schwerer, den eigenen Weg mit erhobenem Kopf zu gehen.

Dabei sind Hochstaplergefühle nicht nur ein innerer Kampf. Sie können laut Studien tatsächlich dazu führen, dass Menschen gute Jobangebote ausschlagen oder sich anderweitig in der Karriere blockieren oder sabotieren. Der Neigung zum Zweifeln am eigenen Können ist zum Glück niemand ausgeliefert, durch gezieltes Training kann man die Haltung zu sich selbst optimieren. Das heißt auch: Nicht immer braucht man am Familiensystem herumzuschrauben, wenn man sich verändern und entwickeln will. Je älter man wird, desto eher reicht es, wenn man schlicht lernt, Vertrauen zu sich selbst zu gewinnen. So kann man durchs eigene Handeln mächtige Familiengesetze wie »Wir sind Arbeiter, keine Manager« auf Dauer überwinden.

Es ist übrigens nicht so, dass Eltern oder Großeltern ihre Kinder und Enkel nicht bestmöglich für die Welt stärken wollen. Fast alle Älteren wünschen sich, dass es dem Nachwuchs gut geht. Doch oft gibt es große Widersprüche zwischen dem, was Menschen sagen und wünschen, und dem, was sie selbst tun und vorleben. »Die Vorbildfunktion der Eltern ist groß«, sagt Schmidt. Im Guten wie im Schlechten. Wenn etwa eine Mutter einerseits ihrer Tochter sagt »Geh deinen Weg« oder »Zeig, was du kannst«, die Mutter selbst es aber andererseits im Familienkreis stets allen recht macht, sich und ihre Begabungen oder Wünsche zurücknimmt, entsteht eine Doppelbotschaft, die das Kind in innere Konflikte stürzen kann. Viele lernen erst im Erwachsenenalter – durch eine Auseinandersetzung mit solchen widersprüchlichen Botschaften – ihre eigene Wahrheit zu finden.

Doch Familienregeln, Aufträge und Wünsche von Eltern und Großeltern wirken nicht auf alle Kinder gleich. Und sie werden auch nicht an alle Kinder gleichermaßen herangetragen. Doch welche Faktoren beeinflussen, was die Eltern von ihrer Tochter, ihrem Sohn erwarten? In der Geschwisterforschung haben Wissenschaftler lange der Geburtenfolge große Bedeutung für die Entwicklung der Persönlichkeit beigemessen. Doch auch wenn einige Einzelstudien die Erstgeborenen als ehrgeizig, die Mittleren als Vermittler und die Jüngsten als kreativ und verspielt identifizieren, legt eine neuere Studie von Psychologen der Universität Leipzig nahe, dass der Einfluss der Geburtsreihenfolge nicht besonders groß ist.

Dennoch hat die Geschwisterkonstellation einen nicht zu unterschätzenden Einfluss. »Wir gehen davon aus, dass Geschwister häufig Nischen, Rollen und Positionen besetzen, die im System noch frei sind«, sagt die Psychotherapeutin Sandra Konrad. Ist der Erstgeborene eher verträumt und emotional, sucht sich die Zweite vielleicht die Rolle der Sachlichen oder Smarten. Natürlich wirken auch die Eltern bei der Rollenfindung massiv mit. »Zuschreibungen in der Familie sind oft hartnäckig, da wird ein Kind immer wieder als klug, schwierig oder attraktiv bezeichnet und dadurch geprägt«, sagt Sandra Konrad. Wenn die Rollen festgelegt sind, wenn es keinerlei Spielräume gibt, dann wirkt sich das oft negativ aus. Starre familiäre Strukturen sind laut entwicklungspsychologischen Modellen immer ein Risikofaktor für dysfunktionale Entwicklungen.

Schwierig und verletzend ist es auch, wenn Geschwister ungleich behandelt werden – obwohl es zu einer modernen Erziehung gehört, keine Unterschiede zu machen. Eine Forschungsarbeit des Gesundheitswissenschaftlers Mark E. Feinberg von der Penn State University zeigt, dass es leider doch solche Bevorzugungen gibt und dass die eher zurückgesetzten Geschwister ein erhöhtes Risiko haben, Depressionen und andere psychische Erkrankungen zu entwickeln.

»In Therapieprozessen geht es für erwachsene Kinder oft darum, sich von alten Zuschreibungen der Familie, die eine hohe Suggestivkraft haben, langsam zu befreien und eine stimmige Balance zwischen Autonomie und Loyalität zu finden«, sagt Gunther Schmidt. Eltern mit sehr unterschiedlichen Kindern tun gut daran, die typischen Rollen nicht permanent zu betonen. Wenn ein Elternteil sich dafür öffnet, ein als schwierig geltendes Kind vielschichtiger wahrzunehmen und immer auch die Stärken und positiven Eigenschaften des Kindes im System zu betonen, kann das Kind leichter sein Verhalten ändern.

»Eine Familie ist ein bisschen wie ein menschliches Mobile«, sagt Sandra Konrad. »Wenn sich eine Person bewegt, dann gerät das ganze System in Schwingung.« Alles hängt mit allem zusammen. Wenn etwa ein Kind zum Symptomträger wird und eine psychische Erkrankung entwickelt, dann hilft nur eine Therapie aller Familienmitglieder. Umgekehrt sind Kinder natürlich nicht dafür verantwortlich, sich um die psychischen Belastungen und Schwierigkeiten der Erwachsenen im System zu kümmern. Denn die Generationengrenzen und damit auch die Eltern- und Kinderrollen sollten gewahrt bleiben.

Wenn sich Kinder und Jugendliche um psychisch belastete Mütter oder alkoholkranke Väter kümmern oder emotional eine Art Partnerersatz werden, spricht man von Rollenumkehr oder »Parentifizierung« – und die überfordert Kinder. So belegt etwa eine Studie der Psychologin Katarzyna Schier von der Universität Warschau, dass Parentifizierung ein Risikofaktor für Depression und psychosomatische Störungen in der Adoleszenz ist. Eltern, die in Fragebogen Aussagen zustimmten wie »Wenn Eltern krank sind, sollte das Kind keine zusätzlichen Sorgen machen« oder »Es hilft mir, meine Probleme mit meinem Kind zu teilen« neigen dazu, ihr Kind auf den Platz der Versorgenden und Erwachsenen zu verweisen und damit zu überlasten.

Neuere Forschungsergebnisse legen allerdings nahe, dass Kinder aus früher Verantwortungsübernahme oft auch Positives ziehen. Erkennt man erst als Erwachsener, dass man als Kind mit einer Rollenumkehr überfordert wurde, kann man versuchen, den Blick auf die Stärken zu lenken, die aus der zu großen Verantwortung entstanden sind: Selbstständigkeit, Umsicht und Empathie. Wenn der Systemfehler aber schon früher entdeckt wird, etwa in der Familientherapie, besteht die Chance, die Rollen noch rechtzeitig in die richtige Balance zu bringen und Rahmenbedingungen zu schaffen, in denen das Kind auch als Kind behandelt wird.

Doch wie prägend destruktive Muster sind, zeigen die Familien, in denen sich beispielsweise Suchtverhalten oder Suizide durch den Stammbaum ziehen. Heißt das, dass in diesen Fällen alle Generationen einer Art Familienschicksal ausgeliefert sind? Tatsächlich zeigen viele Studien, dass es bei Suchterkrankungen und Selbsttötungen eine familiäre Häufung gibt. Gerade hier ist es laut Gunther Schmidt hilfreich, destruktive Verhaltensweisen nicht als Fluch oder als unausweichlich zu akzeptieren. Eher müsste man sie als »starke Einladung« verstehen, genauso zu agieren: »Wenn ein Großvater oder Vater Probleme bereits mit Alkohol gelöst hat oder durch Suizid einfach gegangen ist, wird das aufgrund der familiären Bindungen als Möglichkeit gesehen, die einem selbst auch offensteht.« Wer solch starke Einladungen in der eigenen Familiengeschichte findet, kann Handlungsalternativen suchen. Voraussetzung ist auch hier, den starken Einfluss erst mal wahrzunehmen, den Großeltern und Eltern haben.

Transmissionsprozesse über Generationen, also Übertragungen von Einstellungen und Verhalten, versucht man heute auch mithilfe epigenetischer Prozesse zu erklären. Einzelne Studien weisen darauf hin, dass sich traumatische Erfahrungen möglicherweise auf Ableseprozesse in den Genen auswirken können und so an nachfolgende Generationen weitergegeben werden. »Wir wissen seit Langem, dass auch erworbene Eigenschaften vererbt werden«, schreibt die Neuroepigenetikerin Isabelle Mansuy von der Universität Zürich in ihrem neuen Buch. Sie zitiert dort Studien mit Mäusen und Menschen, in denen deutlich wird, dass sich etwa Erfahrungen von Vernachlässigung und Stress in genetischen Prozessen niederschlagen und so eine Übertragung von Ängsten und Unsicherheiten über Generationen erklärbar wird. Die Therapeutin Sandra Konrad erlebt die Wirkung von Gefühlserbschaften in ihrer Praxis immer wieder. Auch in ihrer Doktorarbeit hat sie nachweisen können, dass Töchter und Enkelinnen von Holocaustopfern oft Gefühle von großer Angst und Heimatlosigkeit entwickelten, also Symptome eines Traumas zeigten. Die Weitergabe der Traumatisierung zeigte sich unabhängig davon, ob die Befragten in den USA, in Europa oder in Israel lebten.

All diese Beispiele zeigen: Familienbande sind stark und halten bis ins Erwachsenenalter. Als ewige Fessel sollte man sie aber nicht begreifen. »Hilfreich ist es, ein Bewusstsein für das zu entwickeln, was einen hält, was in der Familie an Rollen oder widersprüchlichen Botschaften mitgegeben wurde«, sagt Gunter Schmidt. Wenn man sich das klargemacht habe, könne man die Vergangenheit als Hochrechnungsvorlage begreifen: »Man weiß dann, was die Verwandtschaft vielleicht von einem erwartet und was sie nicht gut finden wird.« Auf der Basis wird es möglich, freier zu entscheiden, welchen Impulsen aus der Familie man folgen und wo man etwas Neues entwickeln will. Eine gelungene Befreiung, ein eigener neuer Weg wirkt dann wiederum zurück aufs ganze System – und kann es grundlegend verändern. Zum Besseren.

Spätes Geschenk

Wut auf die Eltern oder sogar Hass – solche negativen Gefühle belasten auch Erwachsene noch oft. Eine Aussöhnung, sagt der Psychoanalytiker Hans-Jürgen Wirth, würde allen in der Familie guttun.

Von Hans-Jürgen Wirth

Die Machtpositionen in der Familie sind klar verteilt in den ersten prägenden Lebensjahren eines Kindes: Die Eltern erziehen, das Kind wird erzogen. Eltern loben, bestärken, fördern, setzen Leitplanken als Orientierung im Leben. Und sie tadeln oder bestrafen, reden dem Kind ins Gewissen. Die Eltern sind dann auch diejenigen, die dem Kind die Sünden verzeihen, die sagen können, dass jetzt alles wieder gut sei.

Doch diese Positionen gleichen sich aus oder kehren sich sogar um, wenn das Kind erwachsen geworden ist. Nun kann es reflektieren und realisieren, welche seelischen Wunden ihm die Eltern damals zugefügt haben. Das ist für beide Seiten schwer zu akzeptieren. Für die Eltern, weil ihre Autorität dahin ist und sie kritisiert werden, und für das Kind, weil es letztendlich immer noch den Eltern gefallen will. Auch Erwachsene entwickeln noch Schuldgefühle, wenn sie ihren Eltern wegen deren Fehlverhalten oder deren Versäumnissen Vorwürfe machen. Das ist selbst bei schweren Vergehen wie sexueller und sonstiger Gewalt, Vernachlässigung und groben Ungerechtigkeiten so.

Schuldgefühle, die aus verdrängten Hass- und Rachegefühlen resultieren, die Hoffnung, dass einem Gerechtigkeit widerfahren könne, und die illusionäre Sehnsucht, doch noch die schmerzlich vermisste elterliche Liebe zu erhalten, stehen einer offenen Auseinandersetzung mit den Eltern oft im Weg. Schnell findet man einleuchtende Argumente, warum die Eltern gar nicht anders handeln konnten, als sie es getan haben. Die Beteuerung, »ich habe ihnen verziehen«, kommt dann vorschnell und stellt eine Schutzbehauptung dar, um den Konflikt mit den Eltern zu vermeiden.

Wer vorschnell verzeiht, der täuscht sich aber selbst. Denn vor jedem Verzeihen muss es eine Phase der Auseinandersetzung geben, in der das Kind das subjektiv erlittene Unrecht anprangert, sein Leiden artikuliert und die gesamte Palette seiner damit verbundenen Gefühle gegenüber den Eltern ausspricht und ausdrückt. Die »vorauseilende Großzügigkeit des Opfers« – so die Philosophin Martha Nussbaum in ihrem Buch »Zorn und Vergebung. Plädoyer für eine Kultur der Gelassenheit« – erschwert die Bearbeitung der Problematik sowohl für das »Opfer« als auch für den »Täter«.

Das Opfer verzichtet darauf, seine negativen Gefühle von Hass, Rachsucht, Enttäuschung, Kränkung und Erniedrigung auszudrücken, und bleibt deshalb auf ihnen sitzen. Dem Täter wird die Konfrontation mit dem Leid erspart, das er angerichtet hat. So kann er sich daran vorbeimogeln, unangenehme Gefühle von Schuld, Scham und Reue zu empfinden. Damit fehlt der notwendige emotionale Antrieb, um sich mit seinen dunklen Seiten zu konfrontieren. Der Anstoß, das eigene Verhalten zu überdenken und sein Leben und seine Einstellungen zu ändern, bleibt beim Vermeidungsverzeihen sowohl für Eltern als auch für das Kind aus.

Damit ist eine wichtige Chance vertan, wieder ins Lot zu kommen. Denn Verzeihen beinhaltet einen innerseelischen Prozess, in dem erlittene Ungerechtigkeiten, Zurückweisungen und narzisstische Kränkung so bearbeitet werden, dass sie ihre ursprüngliche Dramatik verlieren und der mit ihnen verbundene seelische Schmerz überwunden wird. Der Prozess gelingt, wenn sich zwei Parteien auf eine tiefgreifende Wandlung einlassen und die Bereitschaft zeigen, ihrem Leben eine ganz neue Ausrichtung geben zu wollen. Die Fähigkeit zu verzeihen ist für ein gedeihliches Zusammenleben der Menschen unverzichtbar.

In allen emotional bedeutsamen Beziehungen – insbesondere denen zwischen Eltern und Kindern – ereignen sich Verletzungen und Kränkungen. Diese sind noch nach vielen Jahren eine schwerwiegende seelische Belastung und können sogar Ursache für psychische und psychosomatische Krankheiten sein. Wenn einen Erwachsenen noch das Gefühl bedrückt, von den eigenen Eltern ungerecht behandelt, nicht akzeptiert, missverstanden, zurückgesetzt oder gar misshandelt worden zu sein, sollte er alles daransetzen, sich von dieser seelischen Last zu befreien. Wem es gelingt, den Eltern zu verzeihen und sich mit ihnen auszusöhnen, kann die schmerzlichen Gefühle loslassen und auch auf Rachefantasien verzichten. Häufig ist das dann der Weg, Depression und Verbitterung hinter sich zu lassen.

Und wie konfrontiert man sich und die Eltern mit den Wutgefühlen, der Kränkung, den Wunden der Vergangenheit? Der beste Weg ist das direkte, offene Gespräch zwischen allen Beteiligten, für das man sich durchaus auch die Unterstützung eines neutralen Dritten, etwa mit familientherapeutischer Kompetenz, holen kann. Im Idealfall ergänzen sich Bedauern, eine Art Schuldbekenntnis und das Versprechen der Eltern, sich künftig anders zu verhalten, konstruktiv mit der Bereitschaft des Kindes, den Eltern zu verzeihen. Mündet dies in eine Aussöhnung, fühlen sich alle Beteiligten von einer großen seelischen Last befreit. Leider lehnen viele Eltern ein solches klärendes Gespräch ab oder stehen aus anderen Gründen dafür nicht zur Verfügung. In diesem Fall bleibt dem Kind nur, einen innerseelischen Prozess zu beginnen und den Eltern schließlich zu verzeihen.

Und wenn Kinder ihren Eltern nicht verzeihen? Wenn sie den Kontakt komplett abbrechen und den Eltern gar den Zugang zu den Enkelkindern verweigern? Das ist eine schmerzhafte Waffe, um sich an den Eltern zu rächen. Solche Eltern sind oft tief verzweifelt, und ihr Leben ist von diesem Zerwürfnis überschattet. Hier findet ein sadistischer Machtkampf statt, bei dem alle Beteiligten nur verlieren können. Die Eltern werden um die Chance gebracht, das eigene Tun aufzuarbeiten und aufrichtig zu bereuen. Die Kinder feiern womöglich einen späten Triumph, es den Eltern heimzuzahlen, Hass und Rachewünsche vergiften jedoch ihre Gefühlswelt, und sie müssen die Erinnerungen an die selbst erlittenen traumatischen Erlebnisse wachhalten, um ihre kalte Zurückweisung der Eltern zu rechtfertigen. Und die Enkelkinder werden um die Bereicherung gebracht, zu den Großeltern eine lebendige Beziehung zu unterhalten. Schließlich können alle Beteiligten nicht die grundlegende Erfahrung machen, ein kollektives Wirgefühl als Familiengruppe zu entwickeln, was selbst noch die spätere Familiengründung der Enkel belasten wird.

Verzeihen ist die Voraussetzung für Versöhnung und Aussöhnung. Verzeihen dient sowohl dem Frieden zwischen Eltern und Kindern als auch dem Seelenfrieden beider Generationen. Ziel ist aber nicht das anschließende Vergessen und Verleugnen der vergangenen Verletzungen, Kränkungen oder gar Traumatisierungen. Die einst erlittenen Verletzungen sollen nicht unter den Teppich gekehrt werden, aber sie werden in ihrer ursprünglichen Emotionalität, Schärfe und Radikalität der Verurteilung relativiert oder ganz aufgegeben. Es geht also darum, aus der heutigen Distanz eine neue Einstellung zu den Ereignissen zu entwickeln. Kind und Eltern sind sich im Moment des Verzeihens einig, dass das Vergangene war, wie es war, dass es aber die zukünftigen Beziehungen nicht mehr belasten soll.

Verzeihen ist ein elementares Konzept, um das destruktive Weiterwirken von erlittenem und ausgeteiltem Unrecht zu unterbrechen. Bei Immanuel Kant ist »Versöhnlichkeit« eine Menschenpflicht. Sie verhindert auf der Beziehungsebene, dass sich Eltern und Kinder in eine endlose Spirale der Vorwürfe und Gegenvorwürfe, des Gekränktseins und des Verletzens hineinsteigern. Auf psychologischer Ebene soll der

Akt des Verzeihens beim Verzeihenden seelische Verhärtungen, Rachefantasien, Groll und Verbitterung auflösen. Beim Täter soll es Reue, Einsicht und das Bedürfnis nach Wiedergutmachung und zukünftiger Veränderung hervorrufen.

Der psychosoziale Prozess des Verzeihens stellt eine Metakommunikation dar. Sie beginnt damit, dass man das zurückliegende Geschehen mit seinen kränkenden und verletzenden Auswirkungen zum Gegenstand eines Gesprächs macht. Allein die Bereitschaft beider Seiten, sich auf ein solches selbstreflektierendes Gespräch einzulassen, hat meist schon eine heilende Wirkung. Voraussetzung dafür ist allerdings, dass die Emotionen in dem Klärungsprozess nicht allzu sehr hochkochen und Eltern und Kind in das gleiche Konfliktmuster verfallen, das dem thematisierten Geschehen zugrunde liegt. Wenn die Gefühle eine wirkliche Kommunikation behindern, kann es notwendig sein, einen neutralen Dritten, beispielsweise einen Familientherapeuten, hinzuzuziehen. Er stellt die selbstreflexive Kompetenz der Beteiligten wieder her, die Voraussetzung für Einsicht und Veränderungsbereitschaft ist.

Der Sinn des Verzeihens liegt darin, die automatisierte Eskalation von Unrecht und rächender Vergeltung zu durchbrechen, um die Gegenwart und die Zukunft vom Fluch der vergifteten Vergangenheit zu befreien. Erst mit dem Verzeihen wird für alle Beteiligten ein Neuanfang ermöglicht. Es gehört zum bemerkenswerten Charakteristikum des Verzeihens, dass es ein Geschenk des Verzeihenden ist. Man kann es sich nicht durch Reue verdienen. Vielmehr lockt erst das Verzeihen die Reue und das Eingeständnis der Schuld durch den Täter hervor, wie die Philosophin Hanna-Barbara Gerl-Falkovitz eindrücklich schreibt.

Dieser Prozess ist nur in der persönlichen Auseinandersetzung von Angesicht zu Angesicht möglich. Indem das Opfer dem Täter in die Augen blickt und ihm verzeiht, kann es in ihm Empathie und Einsicht wecken. Im Akt des Verzeihens und der Aussöhnung befreien sich Eltern und Kind von ihren seelischen Verhärtungen. Und sie stellen ihre Beziehung auf eine neue, bessere Grundlage.

Zeitreise erlaubt

Mit den folgenden Checklisten finden Sie heraus, welchen Stellenwert Ihre Kindheit heute für Sie hat – und wie Sie dieser Lebensphase einen passenden Platz in Ihrem Leben geben können.

In Psychotherapien wird jahrelang erfolglos in der Kindheit gewühlt? Diese Vorstellung ist weit verbreitet, aber eine Karikatur tiefenpsychologischer Behandlung. Denn natürlich findet man nicht jede Antwort auf gegenwärtige psychische Schwierigkeiten in der Vergangenheit. Dennoch ist unbestritten, dass die engsten Bezugspersonen und die Lebensumstände in den ersten Lebensjahren unsere Persönlichkeit prägen und uns eine Art seelische Erstausstattung mitgeben. »Es lohnt sich deshalb, sich mit der eigenen Kindheit auseinanderzusetzen – und eine passende Haltung zu den Geschehnissen der Vergangenheit zu finden«, sagt die Psychologin und Psychotherapeutin Ursula Nuber. Dabei ist ein erster wichtiger Schritt, Kindheitsprägungen nicht als Schicksal zu begreifen, sondern die Vergangenheit als Teil des Lebens zu akzeptieren – und gleichzeitig alte, negative Prägungen hinter sich zu lassen.

Mit dem folgenden Selbsttest können Sie herausfinden, welche Einstellung Sie zu Ihrer Kindheit haben und ob diese Sicht auf Vergangenes sich eher günstig oder bremsend auswirkt. Sie erhalten außerdem Anregungen, wie Sie sich auf heilsame Weise mit diesen Prägungen auseinandersetzen können. Eine therapeutische Arbeit ersetzt eine solche Selbstreflexion nicht. Sie kann aber ein erster Schritt für einen selbstbestimmten Umgang mit der eigenen Vergangenheit sein.

Mehr Wissen

Die Persönlichkeit verändert sich im Laufe des Lebens. Dies hat zum Beispiel eine Studie zweier US-amerikanischer Psychologen gezeigt. Sie analysierten über 20 Jahre die Lebensläufe von mehr als 35 000 Menschen. Es sind insbesondere Ereignisse im frühen Erwachsenenalter, die eine Veränderung der Persönlichkeit anstoßen: der erste Job, das erste Kind. Aber auch später entwickeln wir uns weiter. Die Glaubenssätze über uns selbst, die wir aus unserer Kindheit mit ins spätere Leben nehmen, stimmen also vielleicht gar nicht.

Aufgabe

Beantworten Sie die Aussagen auf den folgenden Listen mit »Ja« oder »Nein«. Wenn Sie sich nicht sicher sind, wählen Sie die Antwort, die eher passt. Zählen Sie alle »Ja«-Antworten zusammen, notieren Sie die Zahl im Extrakästchen.

1

Ja Nein

Ich glaube, wenn meine Kindheit anders gewesen wäre, hätte ich ein besseres Leben. ☐ ☐

Warum soll ich über die Vergangenheit nachdenken? Es nützt sowieso nichts, die Weichen sind ja gestellt. ☐ ☐

Ja   Nein

Wenn ich liebevollere Eltern gehabt hätte, wäre ich heute sicher stärker oder mir würden Beziehungen besser gelingen.

☐   ☐

Es gibt Leute, die hatten zu Hause alle Unterstützung – sie sind mir gegenüber klar im Vorteil.

☐   ☐

Wenn ich in Beruf oder Privatleben scheitere, habe ich schon häufiger meine schwierige Kindheit dafür verantwortlich gemacht.

☐   ☐

Ergebnis: _____ x Ja

2

Ich urteile in Stresssituationen schnell kritisch und negativ über mich, denke etwa: »Mir gelingt nichts« oder »Niemand mag mich wirklich«.

☐   ☐

Meine Erfolge schreibe ich oft dem Zufall oder Glück zu, Misserfolge schreibe ich mir eher selbst zu.

☐   ☐

Über Erfolge kann ich mich nur kurz oder gar nicht freuen.

☐   ☐

Ja Nein

Ich übernehme schnell die Verantwortung für andere und entschuldige mich manchmal, auch wenn es dafür keinen Grund gibt.

Ich lasse mich nicht so schnell auf andere ein, weil ich Angst habe, dass ich enttäuscht werde.

Ergebnis: _____ x Ja

3

Manchmal fühle ich mich in Gegenwart einer Autoritätsperson klein. Plötzlich ist dann meine Stimme ganz leise, oder mir fehlen die Worte.

Ich spüre gelegentlich tiefe Gefühle von Traurigkeit, Wut oder Ohnmacht, die mit der aktuellen Situation nur wenig zu tun haben können.

Wenn ein wichtiger Mensch sich mir gegenüber ablehnend verhält, verspüre ich unangemessene Angst, dass er mich nicht mehr mag.

Ich bin schon einige Male von meinem Umfeld in Auseinandersetzungen als kindisch, unreif oder anklammernd kritisiert worden.

Ja   Nein

Ich kann ein paar typische Situationen benennen, auf die ich mit Gefühlen reagiere, die auch Kinder in solchen Momenten zeigen.

Ergebnis: _____ x **Ja**

4

Ich war schon als Kind schüchtern/ängstlich und hatte Schwierigkeiten mit anderen. So bin ich eben, das muss ich akzeptieren.

Wenn ich Fotos aus meiner Kindheit anschaue, dann kann ich mich oft noch gut daran erinnern, wie ich mich fühlte, als sie entstanden sind.

Meine Eltern erzählen bis heute, dass ich besonders wild, besonders pflegeleicht oder weinerlich war. Das passt zu meinen Erinnerungen.

Ich kann mich nicht gut an meine Kindheit erinnern. Das, was ich weiß, basiert auf Erzählungen von Eltern oder anderen Familienmitgliedern.

Ja   Nein

Manche Szenen aus der Kindheit habe ich vor Augen wie einen Film – und weiß, dass sie auch genauso abgelaufen sind.

Ergebnis: _____ x **Ja**

5

In meiner Kindheit gab es einen Menschen innerhalb der Familie oder außerhalb des Elternhauses,
der mich sehr gemocht und unterstützt hat.

Ich konnte als Kind zeigen, was in mir steckt.
Ich war gut in der Schule/im Sport oder habe
immer mal wieder kleine Aufgaben übernom-
men.

Ich war ein fantasievolles beziehungsweise krea-
tives Kind. Stundenlang habe ich mir Geschich-
ten ausgedacht, gesungen, gemalt, getüftelt oder
gelesen.

Ich kann mich an einen Lehrer/Trainer/Nachbarn
erinnern, der mir deutlich vermittelte, dass ich etwas wert bin und etwas kann.

	Ja	Nein

Es gab jemanden in der Verwandtschaft, den ich als Kind bewundert habe. Diese Person war ein Vorbild, so wie sie/er wollte ich werden.

Ergebnis: _____ x **Ja**

6

Ich wünsche mir auch heute oft noch, dass meine Mutter, mein Vater mich anders behandeln.

Manchmal bin ich richtig wütend, dass ich es als Kind so schwer hatte.

Ich kann meinen Eltern nicht vergeben, dass sie mich so vernachlässigt haben/ihren Beruf wichtiger nahmen als mich/sich scheiden ließen et cetera.

Es gibt einige Sätze, die mein Vater oder meine Mutter zu mir gesagt haben, die werde ich ihnen nie vergeben können.

Der Schmerz und das Leid, das ich durch meine Eltern erfahren habe, sind für mich unverzeihlich.

Ergebnis: _____ x **Ja**

Perspektive ändern

Wenn Sie in diesem Check dreimal oder häufiger mit »Ja« geantwortet haben, haben Sie wahrscheinlich das Gefühl, dass entscheidende Erfahrungen in Ihrer Kindheit Sie behindern – und Sie daran nur wenig ändern können. Möglicherweise fühlen Sie sich machtlos oder sind wütend, weil Sie sich in Ihrer Biografie gefangen fühlen. Dass Sie sich belastet fühlen, ist verständlich! Die Kindheit hinterlässt Spuren. Dennoch sind Prägungen der Kindheit kein lebenslanges Schicksal. Auch im Erwachsenenalter kann man sich entscheidend weiterentwickeln und Stabilität, Selbstvertrauen und Beziehungsfähigkeit aufbauen. Der wichtige erste Schritt, um etwas zu verändern, besteht darin, die Sichtweise zuzulassen, dass Veränderung – in einem gewissen Rahmen – möglich ist. Wenn Sie in dieser Liste weniger als dreimal mit »Ja« geantwortet haben, dann wissen Sie das vermutlich bereits und sehen die Verbindung zwischen Kindheitserlebnissen und der heutigen Zeit eher als loses Band – aber nicht als eine kausale Wenn-dann-Beziehung. Das ist hilfreich.

Tipp: Versuchen Sie, Ihre Perspektive zu ändern. Schauen Sie zurück, und stellen Sie sich bewusst nicht die Frage: »Was hat mir als Kind gefehlt?«, sondern überlegen Sie sich stattdessen: »Wie ist es mir gelungen, das Schwierige, das ich erlebt habe, zu überstehen?« Fragen Sie sich weiter, ob

Sie durch die Schwierigkeiten, zum Beispiel Vernachlässigung oder Strenge, auch besondere Potenziale entwickelt haben, etwa ein Engagement für Schwächere, eine Liebe zu Büchern und so weiter. Denken Sie ab jetzt immer mal wieder an diese Stärke, und machen Sie sich bewusst, dass diese ein Resultat aus Ihrer Kindheit ist.

 Glaubenssätze erkennen

Wenn Sie hier **zweimal oder häufiger zugestimmt** haben, haben Sie in Ihrer Kindheit aus kritischen oder herabsetzenden Bemerkungen oder Verhaltensweisen der Erwachsenen bestimmte Schlüsse über sich gezogen. Hörten Sie von Ihren Eltern zum Beispiel häufiger »Nimm dich nicht so wichtig«, konnten Sie wahrscheinlich keine selbstbewusste Meinung über sich entwickeln. Auch die häufige Rückmeldung »Diese Leistung reicht nicht aus« kann zu einem Mangel an Selbstwert führen. In der Kindheit entstehen also oft grundlegende Überzeugungen – Glaubenssätze –, die Sie bis heute blockieren können. Wie damals als Kind halten Sie diese Gedanken für die Wahrheit und fragen sich nicht, ob sie wirklich stimmen. Erlauben Sie sich ab jetzt, die alten Glaubenssätze mit etwas mehr Abstand zu betrachten. Falls Sie hier nur einmal oder gar nicht mit »Ja« geantwortet haben, haben Sie sich möglicherweise schon mit kindlichen Prägungen auseinandergesetzt – oder wurden in Ihrer Kindheit sehr gestärkt. Auch für Sie kann es sich lohnen, sich weiterhin mit der Prägung durch Glaubenssätze auseinanderzusetzen und sich so von Rollenzuschreibungen der Kindheit zu befreien.

> **Tipp:** Achten Sie in der nächsten Zeit bewusst auf Ihre Selbstgespräche. Identifizieren Sie die Gedanken, die am häufigsten auftauchen. Zum Beispiel: »Ich bin nicht liebenswert«, »Ich gehöre nicht dazu«. Sagen Sie sich dann: »Ich weiß, das sind nur Gedanken. Das ist nicht die Wahrheit!«

 ## Kindliche Anteile wahrnehmen

Plötzliche heftige Gefühle von Wut, Angst oder Ohnmacht in eher alltäglichen Situationen sind oft ein Zeichen dafür, dass hier ein kindlicher Anteil in der Persönlichkeit des Erwachsenen agiert, also Gefühle aus der Vergangenheit zutage treten. Falls Sie in dieser Liste dreimal oder häufiger »Ja« geantwortet haben, wissen Sie das wahrscheinlich und können Situationen, in denen Sie kindlich reagieren, gut erkennen. Falls Sie hier zweimal oder weniger mit »Ja« geantwortet haben, kann das darauf hindeuten, dass Sie manchmal in kindliche Gefühle fallen, ohne dies bewusst wahrzunehmen. Versuchen Sie, ab jetzt genauer zu analysieren, worin bestimmte starke Gefühle wurzeln könnten, die in eher banalen Alltagssituationen auftreten. Wenn man solche Situationen erkennt, kann man versuchen, bewusst wieder in eine erwachsene Rolle zu wechseln und sich zu sagen: »Okay, ich fühle mich schwach/wütend. Das ist aber heute nicht mehr angemessen, weil ich anders bin und anders handeln kann als früher als Kind.« Den bewussten Umgang mit kindlichen Anteilen kann man auch mithilfe von Ratgebern trainieren, etwa mit »Das innere Kind muss Heimat finden« der Psychologin Stefanie Stahl.

Tipp: Versuchen Sie, sich in kritischen Situationen, in denen Sie sich klein, ohnmächtig oder wütend fühlen, mehr um Ihre kindlichen Anteile zu kümmern. Sie könnten sich etwa fragen: »Was braucht mein inneres Kind in dieser Situation?« Wenn Sie keine Antwort wissen, fragen Sie sich einfach, wie Sie mit einem unglücklichen, weinenden oder wütenden Kind umgehen würden. Wie würden Sie es beruhigen und trösten? Was würden Sie ihm raten, wenn es fürchtet, dass keiner es mag? Na klar: Sie würden diesem Kind Bestätigung und Anerkennung geben und ihm eine gute Mutter/ein guter Vater sein. Es kann dabei hilfreich sein, wenn Sie sich zunächst ein fremdes Kind in einer schwierigen Situation vorstellen. Es fällt Ungeübten oft leichter, diesem Zuwendung zu geben. Mit der Zeit lernen Sie so, auch mit Ihren eigenen kindlichen Anteilen liebevoller umzugehen. Und Sie erkennen eher, wenn alte Gefühle hochkommen, die nur wenig mit der Gegenwart zu tun haben.

 ## 4 Erinnerungen überprüfen

Wenn Sie **dreimal oder häufiger »Ja« angekreuzt** haben, heißt das nicht unbedingt, dass Sie sich gut und vor allem richtig an Ihre Kindheit erinnern. Wenn Sie zurückschauen, verlassen Sie sich natürlich auf Ihre Erinnerung. Doch diese kann Sie auch in die Irre führen, Sie dürfen ihr nicht unbedingt trauen. Denn Erinnerungen sind beeinflussbar: durch die Erzählungen anderer, durch Rollenzuschreibungen in der Familie, durch die Zeit, die vergangen ist, durch Fotos. Prüfen Sie also nach: War alles wirklich so, wie ich es erinnere? Übersehe ich vielleicht wichtige positive Ereignisse oder Erlebnisse? Wenn Sie in diesem Check weniger als dreimal mit »Ja« geantwortet haben, würden Sie vielleicht dem folgenden Zitat des Schriftstellers Cees Nooteboom zustimmen: »Die Erinnerung ist wie ein Hund, der sich dahin legt, wo er will.« Eine solche Skepsis dem eigenen Erinnerungsvermögen gegenüber bietet jedenfalls Chancen: Sie können lernen, die Vergangenheit aus einer neuen Perspektive heraus wahrzunehmen, einen neuen Fokus zu setzen, etwa auf freudige, positive Ereignisse oder Situationen, die Sie als stärkend emp-

funden haben. Diese Neubewertung der Vergangenheit hilft
in Psychotherapien häufig dabei, mit bestimmten schmerzhaften Episoden abzuschließen oder sie zu relativieren – und
diesen dadurch die Macht zu nehmen.

> **Tipp:** Starten Sie eine Umfrage unter Verwand-
> ten oder Freunden, die Sie schon als Kind kann-
> ten und zu denen Sie einen guten Draht haben.
> Fragen Sie nach, wie diese Menschen bestimm-
> te Situationen in Ihrer Familie, etwa die Trennung
> der Eltern, empfunden haben. Oder Sie bitten die
> anderen zu schildern, wie diese Sie als Kind erlebt
> haben – und lassen sich dafür konkrete Beispie-
> le nennen. Wenn man genauer nachfragt, erfährt
> man über die Vergangenheit und auch über sich
> selbst oft noch mal neue, andere Aspekte und
> bewertet zum Teil alte Geschichten oder Erinne-
> rungen anders. So erweitert sich die Sicht auf die
> eigene Kindheit.

 ## Selbstvertrauen stärken

Wenn Sie auf dieser Checkliste **zweimal oder häufiger
zugestimmt** haben, deutet das darauf hin, dass Sie in Ihrer
Kindheit resiliente Erfahrungen machen konnten. Das be-

deutet, dass Sie von Menschen innerhalb oder außerhalb der Familie spürbar Zuspruch und Unterstützung erfahren haben. Sie konnten Ihren eigenen Wert spüren und haben zumindest teilweise verinnerlicht, dass Sie etwas können und dass es Menschen gibt, denen Sie vertrauen und mit denen Sie in einem guten Kontakt stehen. Diese Erfahrung ist sehr wichtig, denn sie schützt Menschen lebenslang, selbst wenn sie eine schwierige Kindheit gehabt haben. Wenn Sie also diese alternativen stärkenden Erfahrungen innerhalb oder außerhalb der Familie machen durften, dann können sie als Puffer dienen. Sie können die frühen Enttäuschungen und Verletzungen mildern und ihnen die Wucht nehmen. Falls Sie auf dieser Liste weniger als zweimal »Ja« geantwortet haben, haben Sie wahrscheinlich als Kind einige Krisen durchlebt und fühlten sich häufiger allein. In dem Fall könnte es für Sie besonders hilfreich sein, wenn Sie sich mit der Frage beschäftigen, wie Sie die negativen Glaubenssätze aus der Kindheit entmachten.

Tipp: Menschen, die uns stärkende Erfahrungen vermitteln und die man manchmal als Schutzengel wahrnimmt, hat beinahe jeder in der Kindheit getroffen. Man denkt häufig nur nicht mehr daran, dass es sie gab. Doch sie sind wertvoll. Überlegen Sie: Welche Menschen in Kindheit und Jugend haben Ihre Stärken und Talente erkannt und benannt? Gibt es Menschen, die Sie ein Stück Ihres Weges begleitet und Ihnen vermittelt haben,

> dass sie Sie mögen? Gab es Vorbilder, deren Lebensweise Sie ermutigt hat? Wenn hier Namen und Gesichter auftauchen, versuchen Sie, sich diese Person, diese Erfahrung noch mal bildlich vorzustellen. Geben Sie diesen Personen einen Ehrenplatz in Ihrer Geschichte!

 ## Akzeptieren und verzeihen

Vergeben ist schwer. In Psychotherapien sind Menschen oft noch einmal sehr wütend, bevor sie ihren Eltern bestimmte Zumutungen verzeihen. Sie befürchten, dass vergessen und ausgelöscht wird, was die Eltern getan haben. Es geht aber beim Verzeihen nicht darum, Vater oder Mutter einen Freibrief auszustellen, sondern eher darum, dass man selbst freier wird. Falls Sie in dieser Checkliste **zweimal oder seltener mit »Ja« geantwortet** haben, dann wissen Sie wahrscheinlich bereits, dass es auch guttun kann, alte Wunden heilen zu lassen und Eltern wenigstens teilweise zu vergeben. Haben Sie an dieser Stelle dreimal oder häufiger mit »Ja« geantwortet und haben bis heute ein belastetes Verhältnis zu Ihren Eltern? Dann könnte es hilfreich sein, sich mit dem Thema Verzeihen genauer auseinanderzusetzen und sich diesem in kleinen Schritten anzunähern.

Tipp: Es kann ein Ansatz sein, die Eltern und deren Leben aus einer distanzierten Position zu betrachten, so, als würde man auf sie und die damalige Zeit aus der Vogelperspektive schauen: Womit waren Vater und Mutter beschäftigt? Wie haben sie gelebt? Wie waren sie selbst familiär geprägt? Wenn Sie aus einer neutraleren Position heraus betrachten, wie es Ihren Eltern damals ging, wird es leichter zu verstehen, warum sie ein bestimmtes Verhalten gezeigt haben. Man nimmt sie so eher als Menschen jenseits der Elternrolle wahr. Dadurch wird es einfacher, ihnen zu verzeihen. Wichtig: Verzeihen kann befreien, ist aber kein Muss. Falls Sie zu den Menschen gehören, die in der Kindheit durch Missbrauch und Gewalt traumatisiert worden sind, ist umfassendes Verzeihen oft schwer oder unmöglich. Setzen Sie sich dann nicht unter Druck, jetzt auch noch vergeben zu müssen. Eine gewisse Akzeptanz, ausgedrückt etwa in dem Satz »Das war meine Vergangenheit, ich kann sie nicht ändern, sie ist vorbei – und heute lebe ich anders«, wäre dann eine mögliche Haltung, die man allerdings häufig nur mit professioneller Hilfe erarbeiten kann.

☐ »Ich trau mich nicht.«

☐ »Ich werde immer verlassen.«

☐ »Ich muss vorsichtig sein.«

☐ »Ich nehme mich viel zu wichtig.«

☐ »Ich kann niemandem vertrauen.«

☐ »Ich bin niemandem wirklich wichtig.«

☐ »Ich schaffe das nicht.«

Lässt man die Sätze oder Stimmen ein bisschen nachklingen, kann man sie oft auch konkret Elternteilen oder anderen prägenden Personen zuordnen. Probieren Sie es aus!

Haben Sie Ihre Sätze gefunden? Dann können Sie damit weiter in den nächsten Schritt gehen.

Übung: Auf die inneren Selbstgespräche achten

Glaubenssätze, auf die Sie bis heute anspringen, sind nicht wahr und treffen nicht mehr zu. Aber sie prägen Ihre inneren Monologe und die Bewertung von Situationen – und sind deshalb oft Ursache für Schwierigkeiten und Blockaden. Beobachten Sie deshalb besonders in herausfordernden Situationen – wenn man Ihnen Aufgaben überträgt, wenn es Konflikte gibt oder Sie neue Bekanntschaften machen – darauf, welcher innere Monolog als Begleittext abläuft. Überlegen Sie, ob diese Gedanken und Gefühle etwas mit den Glaubenssätzen, die Sie oben gefunden haben, zu tun haben könnten. Falls das der Fall ist, fragen Sie sich: Stimmt das, was ich denke? Kann ich mir sicher sein, dass es so ist? Wer redet da eigentlich? Ist es ein jüngeres Ich, ein kindlicher Anteil? Registrieren Sie einfach nur, dass Sie die Gegenwart aus einer alten Prägung heraus bewerten. Falls Sie etwas dagegensetzen wollen, können Sie sich zum Beispiel fragen, was Sie als erwachsene Person zu der Situation sagen würden oder wie Sie diese bewerten würden.

- Welche inneren Stimmen in Stresssituationen haben Sie gefunden?
- Haben Sie eine Idee, woher diese Stimmen kommen?

Schritt 3: Glaubenssätze entmachten

Die prägenden Sätze aus der Kindheit zu erkennen, ist gut. Wichtig ist aber auch, dass Sie diesen alten Stimmen die Macht nehmen. In diesem zentralen Schritt lernen Sie hierfür zwei sehr unterschiedliche Techniken kennen.

In der Kindheit geprägte Glaubenssätze waren in der Vergangenheit für Sie wahrscheinlich wichtig und verhalfen Ihnen zu einer Strategie, mit Ihren Bezugspersonen zurechtzukommen. So kann der Satz »Ich kann niemandem vertrauen« in der Kindheit hilfreich gewesen sein und gestimmt haben. Oder das Gefühl »Ich bin nichts wert« wurde so stark vermittelt, dass es für Sie folgerichtig war, sich auch so zu fühlen. Aber seit der Kindheit ist viel Zeit vergangen, in der Sie viel dazugelernt, viele neue Erfahrungen gemeistert haben. Versuchen Sie deshalb, Ihre Glaubenssätze auf den aktuellen Stand zu bringen. Die folgende Übung hilft Ihnen dabei.

Übung 1: Suche nach Beweisen

Nehmen Sie sich Ihren hartnäckigsten Glaubenssatz vor, etwa »Ich schaffe das nicht« oder »Ich bin niemandem wichtig«. Sammeln Sie einige Argumente und Fakten in Ihrem Leben, die den Satz bestätigen, und schreiben Sie diese hier auf, zum Beispiel: »Ich habe tatsächlich nicht das Studium geschafft, das ich machen wollte« oder »Ich kann nicht Rad fahren, das können viele«.

Sammeln Sie nun einige Argumente, die Ihren Glaubenssatz widerlegen. Denken Sie an Dinge, die Sie geschafft haben, Menschen, mit denen Sie eine gute Beziehung haben et cetera, und listen Sie hier alles auf, was gegen die alte Überzeugung spricht.

Diese stärkende Liste können Sie zu Hilfe nehmen, wenn Sie mal wieder in alte Muster abgleiten.

Tipp: Denken Sie auch noch mal zurück an Schritt 1: Wie sieht ein Tag ohne die einschränkenden Prägungen aus der Kindheit aus? Was ist dann möglich?

Übung 2: Abstand halten

Glaubenssätze aus der Kindheit sind hartnäckig. Man wird sie nie ganz loswerden oder aus dem eigenen Gedankenstrom entfernen können. Man kann aber Distanz zu den alten Sätzen schaffen. In neueren verhaltenstherapeutischen Ansätzen gibt es eine ganze Reihe sogenannter Defusionstechniken, mit denen Sie Glaubenssätze entkräften, lächerlich machen, verkleinern können – und ihnen so die Macht nehmen. Sie finden hier drei Übungen, mit denen Sie ungünstige Überzeugungen entmachten. Lesen Sie die drei Übungen durch, und suchen Sie die aus, die Ihnen am wirkungsvollsten für

Ihre eigenen Belange erscheint. Prüfen Sie, ob sich dadurch die Macht der Glaubenssätze vermindert:

1. **Fenster schließen:** Stellen Sie sich vor, Ihr Glaubenssatz wäre eine Art Pop-up-Fenster auf dem Computer, lästig, aber irgendwie unwichtig. Sobald dieser Gedanke auftaucht, klicken Sie ihn einfach mal weg, schaffen ihn aus Ihrem Blickfeld.

2. **Buchstabieren, singen oder verzerren:** Sprechen Sie Ihren Glaubenssatz mit einer ganz hohen Stimme, buchstabieren Sie ihn, zum Beispiel »i c h b i n n i c h t s w e r t«, oder singen Sie den Satz als Schlagermelodie. So machen Sie den Satz ein wenig lächerlich und distanzieren sich von dem immer gleichen Gassenhauer.

3. **Zettel in der Tasche:** Schreiben Sie den Glaubenssatz auf ein Stück Papier, stecken Sie ihn für niemanden sichtbar in eine Tasche, und tragen Sie ihn mit sich herum. So ist er »aus dem Kopf« und auf einem Zettel gebannt. Auch das kann helfen, Distanz zu finden.

Reflektieren Sie: Haben die Techniken etwas bewirkt?

> **Tipp:** Die Defusionstechniken wirken oft ein bisschen wie ein Gimmick, sind aber auf Dauer sehr wirkungsvoll. Probieren Sie beispielsweise in der kommenden Woche, diese Techniken anzuwenden, sobald ein alter Glaubenssatz auftaucht. Sie werden sehen: Sobald die ausgewählte Tech-

nik zur Gewohnheit wird, kann sie einen gesunden Abstand zwischen Ihnen und den alten, hemmenden Satz legen.

Schritt 4:
Erinnerungen überprüfen

Kognitionswissenschaftler und Entwicklungspsychologen wissen schon seit Langem: Unsere Erinnerungen sind nicht verlässlich und wahr, sondern oft verfälscht, verkürzt und von Anekdoten überformt. In diesem Schritt lernen Sie, Ihre Kindheitserinnerungen zu erweitern – und ein wenig zu relativieren.

Übung: Bilder von dir

Suchen Sie sich in einer alten Fotokiste oder einem Album drei Bilder heraus, auf denen Sie in unterschiedlichen Phasen Ihrer Kindheit zu sehen sind, allein oder auch mit anderen. Schauen Sie sich die Fotos genau an, und beantworten Sie folgende Fragen:

- Was ist die typische Geschichte oder Anekdote, die zu diesen Fotos passt? Wo greifen Zuschreibungen, die Sie immer wieder gehört haben?
- Welche anderen Infos entnehmen Sie den Fotos? Wie könnte es noch gewesen sein an dem Tag, an dem das Bild aufgenommen wurde?

- Welche positiven Gefühle haben Sie, wenn Sie die Fotos anschauen? Gibt es etwas, das Sie positiv überrascht?
- Haben sich Ihre Erinnerungen verändert? Was könnte anders gewesen sein, als Sie bisher dachten?

Wenn eines der Fotos für Sie neue und positive Aspekte beinhaltet – hängen Sie es irgendwo gut sichtbar auf. Falls alle drei Fotos eher negativ besetzt bleiben: Schauen Sie doch noch mal Ihre alten Bilder durch. Wo entdecken Sie neue oder lange nicht mehr erinnerte Aspekte?

Schritt 5:
Ressourcen identifizieren

Die eigene Kindheit war mies? Oder zumindest schwierig? Wenn Sie eine negative Sicht auf die frühen Lebensjahre haben, kann es helfen, nach stärkenden Ereignissen, Momenten und Menschen zu suchen. Denn es gibt sie in beinahe jedem Leben.

Tipp: Unter Resilienz versteht man die Fähigkeit, sich trotz schwieriger Umstände gut zu entwickeln beziehungsweise zu gedeihen. Zahlreiche psychologische Studien versuchen zu ergründen, wie etwa Kinder, die wenig Gutes im Elternhaus erlebt haben, diese Widerstandsfähigkeit erlangen. Oft spielen bedeutsame andere Menschen eine Rolle.

Übung: Resilienzfaktoren erkennen

Unten werden Ihnen jetzt drei mögliche Arten von stärkenden Erfahrungen in der Kindheit vorgestellt. Suchen Sie nach einigen dieser Resilienzfaktoren in Ihrer eigenen Geschichte:

Menschen: Gab es in Ihrer Kindheit Menschen, die an Sie geglaubt haben und die Sie unterstützt haben, die nicht Ihre Eltern waren? Großeltern, Lehrer, Nachbarinnen, Freunde und so weiter? Notieren Sie ein oder zwei dieser Personen.

Potenziale: Erinnern Sie sich an Fähigkeiten, für die Sie bestärkt wurden? Leistungen, auf die Sie stolz waren? Besondere Talente, die anderen an Ihnen aufgefallen sind und die Ihnen Stärke und Selbstvertrauen gegeben haben? Schreiben Sie etwas auf.

Schöne Momente: Welche bestärkenden oder schönen Szenen aus Ihrer Kindheit erinnern Sie? Einen gemeinsamen Urlaub? Ein Fest oder ein Naturerlebnis? Eine besondere Sonntagssituation, bei denen Ihre Familie harmonierte – ob beim Sport, Musik, Essen, Filmeschauen? Halten Sie etwas fest.

Die schönen Momente, Ihre Talente und Fähigkeiten und die Menschen, die an Sie geglaubt haben, können Ihnen auch heute noch Rückenwind geben, wenn Sie sich diese wieder in Erinnerung rufen. Denken Sie immer mal wieder daran!

Schritt 6: Aufmerksamkeit für das innere Kind

Auch im Erwachsenenleben gibt es zahlreiche Situationen, in denen plötzlich kindliche Gefühle eine Rolle spielen oder sogar das Ruder übernehmen. In diesem Schritt lernen Sie, solche Situationen bewusster wahrzunehmen – und Ihrem inneren Kind das zu geben, was es braucht.

In verschiedenen psychologischen Schulen, etwa der verhaltenstherapeutisch orientierten Schematherapie oder der Systemischen Therapie, geht man davon aus, dass in jeder Situation unterschiedliche innere Anteile eines Menschen aktiv sind. So kann es sein, dass in einer beruflichen Stresssituation die Gefühle und Gedanken eines kompetenten Erwachsenen mit den Gefühlen und Gedanken eines unsicheren oder traurigen Kindes kollidieren. Wenn Sie herausfinden wollen, in welchen Situationen das der Fall ist, achten Sie darauf, wann Sie in Ihrem Alltag plötzlich sehr heftige Gefühle entwickeln, die gar nicht zur Situation passen.

Schreiben Sie zunächst ein oder zwei solcher kritischen Momente aus der letzten Zeit auf, in denen das Kind-Ich sehr stark durchgebrochen ist:

Im Berufsleben oder in anderen nicht privaten Momenten kann man besonders deutlich spüren, dass ein Gefühl, etwa Trauer oder Wut, nichts mit der aktuellen Situation zu tun hat. Achten Sie deshalb vor allem in diesen Settings auf solche Widersprüche. Gehen Sie mit einer dieser Situationen nun in die folgende Übung:

Übung: Trost und Hilfe geben

1. Führen Sie sich die Situation, die Sie ausgewählt haben, noch einmal vor Augen: Können Sie sich an eine Kindheitssituation erinnern, die der aktuellen Situation ähnelt? Welche Parallelen gibt es?

2. Betrachten Sie die Kindheitssituation noch genauer: Wie war es damals? Welche Gefühle hatten Sie?

3. Stellen Sie sich das Kind, das Sie waren, nun konkret vor. Wie wirkt es auf Sie? Was möchten Sie tun? Wie könnten Sie das Kind beruhigen?

4. Überlegen Sie abschließend: Wie könnten Sie die Perspektive des Kind-Ichs in der Situation wieder verlassen und ins Erwachsenen-Ich zurückkehren? Was könnte der erwachsene Anteil tun?

Diese Übung hilft, Zusammenhänge zwischen Ihren frühen Erfahrungen und Ihrem heutigen Verhalten sicher zu erkennen. So wächst Ihr Verständnis dafür, warum Sie manchmal anderen so »unvernünftig« oder hilflos begegnen. Sie sind jetzt besser in der Lage, kritische Situationen rechtzeitig zu identifizieren, damit das Kind, das Sie waren, Sie nicht zu sehr beeinflusst.

Tipp: Die Arbeit mit inneren Anteilen ist für manche Menschen beängstigend – sie wollen sich nicht vorstellen, dass in ihnen neben vielen anderen Facetten auch ein trauriges, wütendes oder verletztes Kind steckt. Falls Sie ein solches Unbehagen empfinden, fragen Sie sich, warum das so ist. Zwingen Sie sich aber nicht, die Übung zu machen: Konzentrieren Sie sich auf andere Übungen. Falls Sie das Thema interessiert, Sie aber allein nicht weiterkommen, holen Sie sich professionelle Hilfe, zum Beispiel in einer psychologisch fundierten Beratung.

Schritt 7: Die Vergangenheit akzeptieren

Ihre Kindheit war schwierig und das Verhalten Ihrer Eltern auch? Sehr oft bleibt man dann — verständlicherweise — in Groll, Verzweiflung oder Lähmung stecken. In den beiden Übungen in diesem Schritt lernen Sie, allmählich zu trainieren, die Vergangenheit so zu akzeptieren, wie sie war. Suchen Sie sich eine der beiden Übungen aus.

Der US-Psychologe Steven Hayes geht in seiner Akzeptanz- und Commitment-Therapie davon aus, dass es uns stärkt und Veränderungsprozesse in Gang setzt, wenn wir Dinge, die wir nicht ändern können, so annehmen, wie sie sind. Um den Zugang zu dieser Haltung zu erleichtern, bei der man auch mit schmerzhaften Erfahrungen konfrontiert wird und diese dann akzeptiert, bietet Hayes seinen Klienten häufig sehr anschauliche Bilder an. Die folgende Übung arbeitet mit solchen Imaginationen. Greifen Sie eine davon auf:

Meditation: Der Schmerz als zarte Blume

Sie haben in diesem Coaching nun schon einige Rückblicke in Ihre Kindheit gewagt. Oft sind damit auch schmerzhafte Erfahrungen verbunden. Vielleicht fühlten Sie sich als Kind häufig unverstanden, nicht gesehen, wenig unterstützt. Erinnern Sie sich jetzt noch an eine konkrete, alltägliche, aber schmerzhafte Situation aus der Vergangenheit, und probieren Sie, diesen Schmerz zu spüren und dann zu akzeptieren. Stellen Sie sich dazu vor, dass Sie den Schmerz in der Hand halten wie eine zarte Blume. Oder Sie schauen auf den Schmerz wie auf ein besonderes, interessantes Bild, das an einer Wand hängt. Oder Sie umarmen den Schmerz wie ein Kind, das sich wehgetan hat und das Sie nun trösten. Greifen Sie eines dieser Bilder auf, das Sie anspricht, und probieren Sie so, dem Schmerz aus der Vergangenheit eine gewisse Würdigung zukommen zu lassen.

Wichtig: Wenn Sie in der Kindheit sehr verletzt worden sind oder das Gefühl haben, dass die Vergangenheit für Sie ein schwieriges Thema ist, kann es sich lohnen, diese Art der Akzeptanz öfter zu üben. Wenn Sie sich stabil fühlen und/oder das Gefühl haben, dass Sie an einem Punkt sind, an dem Sie sich noch mehr mit Ihrer Kindheit konfrontieren oder noch konsequenter loslassen wollen, probieren Sie nun auch die zweite Übung aus. Sie hilft, Distanz zu gewinnen.

Werkzeug: Post für die Eltern

Nehmen Sie Papier und Stift zur Hand und schreiben Sie einen wohlwollenden Brief an Ihre Eltern, in dem Sie ihnen sagen, dass Sie sie lieben. Schreiben Sie ihnen aber auch, was Ihnen in der Vergangenheit nicht gefallen hat, was Sie verletzt hat, womit Sie nicht einverstanden waren und was für Sie fast unerträglich war. Wenn es Ihnen leichtfällt, können Sie auch versuchen, sich in die Situation Ihrer Eltern hineinzuversetzen und zu schreiben, was Sie heute sehen, was Sie damals nicht gesehen haben (etwa dass die Eltern selbst unter Druck waren, dass sie eine schwierige Kindheit hatten et cetera). Dieser Brief wird natürlich nicht abgeschickt, er ist nur für Sie selbst.

Reflexion: Kann ich vergeben?

- Wie war es für Sie, einen solchen Brief zu schreiben?
- Haben Sie ein Gefühl von Erleichterung, Akzeptanz oder Vergebung wahrgenommen?
- Wurden Sie wieder wütend oder traurig? Reflektieren Sie noch einmal.

Wenn Sie einen tiefen Groll auf Ihre Eltern haben oder sehr verletzt worden sind, können Sie auch einen Wutbrief schreiben, in dem Sie sich vollkommen darauf konzentrieren, was Ihnen missfallen hat, was furchtbar war. Danach vernichten Sie das Geschriebene in einem Ritual, Sie können den Brief etwa verbrennen. Das schafft Distanz zur Vergangenheit.

Schritt 8: Das Erwachsenen-Ich aktivieren

Die Kindheit hinter sich lassen? Das ist ein großes Vorhaben. Doch sind es oft einzelne Übungen, Aha-Erlebnisse oder neue Perspektiven, die Menschen helfen, sich von den Erfahrungen der Vergangenheit unabhängiger zu machen. Gehen Sie deshalb die Erfahrungen aus diesem Coaching abschließend nochmals durch.

Wie geht es weiter?

Im Folgenden sind alle Übungen und Anregungen aufgelistet, die Sie in diesem Coaching kennengelernt haben und die Ihnen helfen können, die eigene Kindheit mit anderen Augen zu sehen und sich von alten Prägungen zu lösen. Suchen Sie sich eine oder zwei Übungen aus, die für Sie besonders hilfreich waren, und kreuzen Sie diese an.

☐ Die Kindheit nicht mehr als etwas sehen, das den Lebensweg vorbestimmt

☐ Glaubenssätze aus der Vergangenheit entdecken

☐ Sich selbst bewusster zuhören

☐ Glaubenssätze aus der Vergangenheit durch Argumente entkräften

☐ Glaubenssätze aus der Vergangenheit durch Distanzierung entkräften

- ☐ Mithilfe von Fotos Erinnerungen erweitern und relativieren
- ☐ Schätze und Ressourcen aus der Kindheit entdecken: hilfreiche Menschen
- ☐ Schätze aus der Kindheit entdecken: gute Momente
- ☐ Schätze aus der Kindheit entdecken: eigene Fähigkeiten
- ☐ Dem inneren Kind Aufmerksamkeit schenken und Hilfe anbieten
- ☐ Den Schmerz aus der Kindheit würdigen – und wie eine Blume in der Hand halten
- ☐ Den Schmerz aus der Kindheit würdigen – und wie ein Kind trösten
- ☐ Den Schmerz aus der Kindheit würdigen – und wie ein Bild betrachten
- ☐ Den Eltern einen offenen Brief schreiben
- ☐ Den Eltern einen wütenden Brief schreiben

Überlegen Sie nun, ob Sie sich mit einer der Techniken noch über dieses Coaching hinaus beschäftigen wollen. Die Arbeit mit den eigenen Glaubenssätzen, mit den Anteilen des inneren Kindes oder das Üben von Akzeptanz sind sehr kraftvolle Ansätze. Sie können damit dauerhaft Ihre Einstellung zur eigenen Kindheit verändern und unabhängiger werden. Haben Sie eine Technik gefunden? Dann halten Sie diese hier fest:

Schreiben Sie auf, bis wann Sie diese Übung, diese Art der Sichtweise weiter ausprobieren wollen:

Datum: _____

Zum Abschluss finden Sie hier noch eine Notfallübung für alle Momente, in denen Sie sich klein und hilflos fühlen oder mit Ihrer Kindheit hadern:

Übung: Erwachsen und stark

Es ist nicht vermeidbar, dass Sie in Ihrem Leben manchmal an Punkte kommen, an denen Sie sich hilflos, schwach, ohnmächtig und verwundbar fühlen – und zwar genau in der Art, wie Sie es als Kind erlebt haben. Auch alte Glaubenssätze wie »Ich bin schwach« oder »Ich muss mich in Acht nehmen« werden Ihnen immer mal wieder in den Sinn kommen und Ihr Handeln beeinflussen. Je eher Sie bemerken, dass diese alten Prägungen am Werk sind, desto einfacher wird es, sich zu distanzieren. Probieren Sie nun jedes Mal, wenn Sie ein solches Muster bemerken, schlicht zu sagen: »Ich bin jetzt erwachsen – diese alten Gefühle sind Vergangenheit.« Probieren Sie den hier vorgegebenen Satz aus, und formulieren Sie ihn so für sich um, dass er Ihnen ein gutes Gefühl gibt. Sie werden merken: Allein durch diese klare

Aussage und die bewusste Trennung von Kindheit und Erwachsenenleben wird es leichter, unabhängiger von alten Mustern zu werden.

BUCHEMPFEHLUNGEN ZUM WEITERLESEN

Ursula Nuber: *Der Bindungseffekt. Wie frühe Erfahrungen unser Beziehungsglück beeinflussen und wie wir damit umgehen können,* München: Piper, 2020.

Die Beziehungserfahrungen, die man in der Kindheit macht, prägen nicht nur das Selbstbild, sie bahnen auch den Beziehungsstil im Erwachsenenalter. Wie man die eigenen Bindungsmuster erkennt und ungünstige Gewohnheiten überwindet, zeigt dieses Buch. Empfehlenswert für alle, die sich noch weiter mit den Auswirkungen der Kindheit auf ihr aktuelles Leben beschäftigen wollen.

Sandra Konrad: *Das bleibt in der Familie. Von Liebe, Loyalität und uralten Lasten,* München: Piper, 2013.

Wie wirken Familiengeheimnisse? Was für unterschwellige Aufträge bekommt man im Elternhaus mit auf den Weg? Die Psychotherapeutin Sandra Konrad hat ein gut verständliches und umfassendes Buch dazu geschrieben. Für alle, die sich von ihrer Familie zu sehr bestimmt fühlen und sich mehr Durchblick wünschen.

Monica McGoldrick: *Wieder heimkommen. Auf Spurensuche in Familiengeschichten,* Heidelberg: Carl-Auer, 2007.
Die Autorin gilt als Pionierin der Arbeit mit Familienstammbäumen in der Psychotherapie. Hier erklärt sie anhand von berühmten Familien wie den Marx Brothers oder der Familie Mahler, wie sich Aufträge an die Kinder verteilen oder bestimmte Verhaltensweisen über Generationen weitergegeben werden. Interessant, um die Mechanismen besser zu verstehen, die in Familien wirken.

Jeannine Mik, Sandra Temi-Jetter: *Mama, nicht schreien! Liebevoll bleiben bei Stress, Wut und starken Gefühlen,* München: Kösel, 2019.
Wenn Eltern die Nerven verlieren und in Konfliktsituationen emotional reagieren, übermitteln sie ihren Kinder oft ungefiltert typische Rollenzuschreibungen, Abwertungen und Erwartungen, die sie insgeheim haben. Hier lernen hitzköpfige oder auch überforderte Eltern, ruhiger und mit den Kindern auf Augenhöhe zu kommunizieren.

KAPITEL 3

Menschenkenntnis verbessern

Blick in die Seele

In Sekunden machen wir uns ein Bild von anderen Menschen. Leider stimmt es nicht immer. Die richtige Einschätzung unseres Gegenübers aber kann überlebenswichtig sein.

Von Carola Kleinschmidt

Wieder so ein Straßenmusiker! An einem trüben Oktobertag im Jahr 2007 steht ein Geiger im Eingangsbereich der U-Bahn-Station L'Enfant Plaza in der US-Hauptstadt Washington. Passanten gehen vorbei. Mancher bleibt kurz stehen, hört zu, wirft etwas in den Hut. Viele eilen ohne einen Blick vorbei. Wahrscheinlich denken sie: armer Kerl. Vermutlich hat er nicht genug Talent, um als Berufsmusiker zu arbeiten. Warum sucht er sich nicht einen anderen Job, einen, der viele Dollars aufs Konto bringt statt ein paar Münzen im Hut? Hat er ein Alkoholproblem? Ist er psychisch krank?

Die Fähigkeit, andere Menschen einzuschätzen, ist wahrscheinlich so alt wie die Menschheit selbst. Für unsere Vorfahren war die Gabe überlebenswichtig, entschied sie doch über Angriff oder friedliche Begegnung – und damit nicht selten über Leben und Tod. Heute hilft uns Menschenkenntnis, Konflikte zu vermeiden und Kompromisse zu finden. Wer mitbekommt, was in anderen vorgeht, kann besser auf sein Gegenüber eingehen, wird seltener enttäuscht und findet leichter Menschen, die gut zu ihm passen. Menschenkenntnis hilft uns im Privatleben und im Job. Mimik, Gesten, Stimme – aus den kleinsten Facetten setzt unser Gehirn in Windeseile ein Bild von unseren Mitmenschen zusammen. Doch was macht Menschenkenntnis noch aus? Und wie können wir die Fähigkeit, andere einzuschätzen oder auch zu durchschauen, trainieren?

»Wenn wir Menschen begegnen, schätzen wir innerhalb von Sekunden ab, wer da vor uns steht«, sagt Klaus Fiedler, Professor für Sozialpsychologie an der Universität Heidelberg. Wir können blitzschnell sagen, ob eine Person warmherzig, aggressiv oder dominant ist – und sortieren unsere Artgenossen in sympathisch oder unsympathisch. In Windeseile bilden wir uns auch eine Meinung, ob unser Gegenüber kompetent, aufgeschlossen oder in sich gekehrt ist, ob ein humorvoller oder aufbrausender Charakter vor uns steht. Sogar unsere Einschätzung, wie sparsam, athletisch, konservativ, offen, gewissenhaft oder launisch jemand ist, steht einer Studie zufolge bereits in den ersten Sekunden fest. Das Erstaunliche: Unser Schnellschuss in Sachen Menschenkenntnis stimmt in der Regel gut mit der Selbsteinschätzung unseres Gegenübers überein.

Zwei Wissenschaftler setzten einen Meilenstein in der Forschung über den ersten Eindruck: die beiden US-Psychologen Nalini Ambady und Robert Rosenthal. Sie stellten schon vor mehr als 25 Jahren fest, dass Filmsequenzen von zehn Sekunden Dauer reichen, um eine Person treffsicher einzuschätzen. Ambady prägte den Begriff der »thin slices«, der kurzen Eindrücke, anhand derer wir Persönlichkeitsmerkmale anderer Menschen prompt erkennen. In ihrer Übersichtsstudie zu der Aussagekraft von solchen »thin slices« konnten die beiden zeigen, dass es wenig Unterschied macht, ob die Probanden lediglich die Mimik wie in einem Stummfilmschnipsel sehen oder sich eine Tonfilmsequenz anschauen. »Die intuitive Beurteilung von anderen Menschen ist akkurater, als man erwarten würde«, stellen Nalini Ambady und Robert Rosenthal in ihrer Übersichtsarbeit aus dem Jahr 1992 fest. Besonders erstaunlich: Es ist nicht entscheidend, ob wir unser Gegenüber eine Sekunde oder eine Stunde lang beobachten. Die Ergebnisse werden mit mehr Zeit nicht viel besser. In ihrer bekanntesten Studie zeigte Nalini Ambady beispielsweise Studenten Filmschnipsel von Professoren und ließ sie einschätzen, wie freundlich, ehrlich und kompetent diese sind. Diese ersten Einschätzungen unterschieden sich nicht wesentlich von den Bewertungen, die andere Studenten abgaben, nachdem sie ein ganzes Semester bei diesen Professoren studiert hatten.

Die Evolution hat bei uns offenbar eine blitzschnelle Charaktererkennung installiert. Die italienische Psychologin Tessa Marzi von der Universität Florenz vermutet, dass unser Gehirn im Laufe der Evolution so etwas wie einen »Werkzeugkasten« entwickelt hat, mit dem die Schlüssel- und Überlebensfrage in Windeseile beantwortet wird: Freund oder Feind? Der Nutzen ist klar: Wer ein Gefühl hat, wie der andere tickt, kann sich viel besser auf ihn einstellen. Er weiß, wem er vertrauen kann oder von wem er sich besser fernhält. Das hilft im Alltagsleben enorm. Wer den Sitznachbarn im Zug bittet, auf die Laptop-Tasche aufzupassen, möchte sicher sein, dass er ein ehrlicher Mensch ist. Aber reicht dieser erste Eindruck aus? Und vor allem: Wie sieht es mit langfristigen Prognosen aus? Können wir voraussagen, was eine Person in bestimmten Situationen tun wird, wenn wir wissen, wie sie tickt? Was macht Menschenkenntnis sonst noch aus? Und wie gut können wir darin werden?

Wie oft hören wir uns selbst stolz sagen: »Das habe ich schon vorher geahnt, dass der Kollege so reagieren wird.« Oder: »Es wundert mich gar nicht, dass die Nachbarin das getan hat.« Dabei ignorieren wir gern: Objektiv gesehen, sind wir gar nicht so gut mit unseren Vorhersagen. Und im Alltag merken wir das auch: Auch wenn wir mit unserer ersten Einschätzung oft ganz gut liegen, wird es schwierig, wenn es ums Detail geht. Denn mindestens so oft, wie wir uns brüsten, das Handeln unserer Mitmenschen prognostizieren zu können, echauffieren wir uns darüber, dass unsere Mitbürger eben genau nicht das tun, was wir von ihnen erwarten: »Also, dass der XY so kurz nach dem Tod seiner Frau schon wieder eine neue Freundin hat, hätte ich nicht von ihm gedacht!« Die Lieblingsinhalte von Small Talk und Nachbarschaftsschwatz weisen so auf ein grundlegendes Problem hin: In der Regel überschätzen wir unsere Menschenkenntnis.

Warum? Weil wir die Persönlichkeit einer anderen Person nicht unmittelbar wahrnehmen können. Wir sind vielmehr darauf angewiesen, aus verschiedenen Hinweisen, die uns die Person gibt, auf deren Persönlichkeit zu schließen.

Ein kompliziertes, fehleranfälliges Unterfangen. Von jeher suchten Menschen deshalb nach Methoden, um die Treffsicherheit ihrer Vorhersagen zu erhöhen.

Beispiel Schädellehre: Der schwäbische Mediziner Franz Joseph Gall hatte Ende des 18. Jahrhunderts die Idee, dass Intelligenz und Charakter sich an der Form des Kopfs ablesen lassen. Die Quelle seiner Annahme: Er hatte einige besonders intelligente Studenten gesehen, bei denen er als Gemeinsamkeit eine bestimmte Wölbung der Stirn sowie hervorstehende Augen ausmachte. Mit viel Energie und einer Menge Totenköpfe entwickelte er daraufhin die Schädellehre. Die wissenschaftliche Methode faszinierte viele Menschen. Man versuchte, besondere Charaktereigenschaften, aber auch kriminelle Neigungen an der Schädelform abzulesen. Gall inspirierte mit seinen Ideen des Gehirnaufbaus auch die Hirnforschung – die jedoch viele seiner Thesen widerlegte, vor allem dass Kopfform und Charakter zusammenhängen.

Etwas später machte die Grafologie Karriere – die von der Handschrift auf den Charakter und persönliche Eigenheiten des Schreibenden schloss. Man analysierte Schriftbild und Neigung der Buchstaben sowie Besonderheiten des Schriftbildes. Bis heute kann man sich zum Grafologen ausbilden lassen. Computergestützte Programme sollen bei der Auswertung von Handschriften helfen. Es gibt einen Berufsverband der Grafologen, und dieser empfiehlt bis heute, bei Jobbewerbern einen Blick auf die Handschrift zu werfen – entgegen allen wissenschaftlichen Erkenntnissen. Es gibt keine Persönlichkeitseigenschaften, die mit bestimmten Eigenheiten der Schrift in Übereinstimmung gebracht werden können.

Man muss wohl ehrlich sagen: Bis heute ist kein Test oder äußeres Merkmal gefunden, das andere für uns vollständig berechenbar macht – und das wird wohl auch so bleiben. Zum einen ist die menschliche Persönlichkeit schlicht zu komplex. Zum anderen wird menschliches Handeln nicht nur von einer grundlegenden Persönlichkeit bestimmt. Auch Bedürfnisse, Gefühle und Motive spielen eine Rolle. Wenn wir mehr über unsere Mitmenschen aussagen wollen, brauchen wir auf jeden Fall mehr Indikatoren als nur Mimik, Gestik, Stimme oder einen psychologischen Test. Wir brauchen Empathie. Empathie beschreibt die Fähigkeit und Bereitschaft, sich in ein Gegenüber einzufühlen. Und nur wenn wir eine Idee von der Gefühlswelt des anderen haben, können wir eine These entwickeln, was unser Artgenosse wohl im nächsten Moment tun wird.

Der Psychologe Boris Bornemann forschte einige Jahre lang am Max-Planck-Institut für Kognitions- und Neurowissenschaften in Leipzig und begleitete unter anderem das Projekt »ReSource«, eine »weltweit einzigartige« psychologisch-neurowissenschaftliche Langzeitstudie zu Meditation und mentalem Training. Wer mit dem Gefühl des anderen mitschwingen kann, bekommt auch viel eher eine Vorstellung davon, was im anderen vorgeht, welche Bedürfnisse gerade für ihn wichtig sind und wie die Person in der jeweiligen Situation vielleicht handeln wird, sagt Bornemann.

Psychologen unterscheiden zwei Arten von Einfühlungsvermögen: Bei der Empathie fühlen wir wortwörtlich mit, was eine andere Person gerade fühlt. »Menschen können den emotionalen Zustand einer anderen Person spiegeln«, erklärt

Bornemann. Dabei sind Hirnstrukturen aktiv, die eng mit unseren Gefühlen und Körperwahrnehmungen im Zusammenhang stehen. »Das sind die gleichen Regionen, die arbeiten, wenn wir selbst das Gefühl empfinden«, so der Psychologe. Dabei scheint sich unsere Fähigkeit, die Gefühle anderer treffsicher einzuschätzen, über das Leben hinweg zu entwickeln: Als Erwachsene ist uns klar, welches unsere Gefühle sind und welche die des anderen, Kleinkinder dagegen sind zunächst nicht empathisch, sondern erleben »Gefühlsansteckung« – sie können noch nicht zwischen ihren eigenen Emotionen und beispielsweise denen der Mutter oder ihrer Mitmenschen unterscheiden: Ein Baby weint – alle anderen weinen mit. »Erst mit etwa anderthalb Jahren gelingt die Trennung zwischen du und ich«, sagt Kognitionspsychologe Bornemann. »Mit etwa vier begreifen wir dann, dass andere Menschen andere Gedanken haben und damit auch andere Gefühle als wir selbst.« Eine unverzichtbare Voraussetzung für Empathie.

»In der Pubertät reifen dann bestimmte Strukturen im supramarginalen Gyrus, einem Teil der Großhirnrinde, sowie im Frontalhirn, sodass die Empathie zunimmt«, erläutert Bornemann. Auch Menschen mit ausgeprägter Sensibilität haben manchmal Schwierigkeiten, sich innerlich abzugrenzen, und fühlen sich deshalb regelrecht überschwemmt von den Gefühlen anderer.

Als Zweites gibt es eine Art kognitive Empathie, die in Teilen der Wissenschaft als Theory of Mind bezeichnet wird: Sie beschreibt, dass ich ein Verständnis davon habe, was im anderen vorgeht, und damit etwas über seine Gefühle weiß.

»Die dafür verantwortlichen Hirnstrukturen liegen im vorderen, mittleren Teil unseres Gehirns, der auch eine große Rolle für Gedanken über uns selbst spielt«, erklärt Bornemann. Hier sammeln wir das Wissen darüber, wie Menschen sich in bestimmten Situationen verhalten, was sie antreibt oder auch abhält, Dinge zu tun. »Wie gut unsere Theory of Mind ist, hat viel mit dem grundlegenden Wissen zu tun, wie Menschen strukturiert sind«, sagt Bornemann.

Alle Menschen erkennen beispielsweise am Gesicht ihres Gegenübers Emotionen, wie der US-Psychologe und Anthropologe Paul Ekman gezeigt hat. Ärger, Angst, Trauer, Freude, Ekel und Überraschung – ganz gleich, ob sich Artgenossen aus Schweden oder Sansibar begegnen, sie können in ihrem Gesicht lesen, ob ein solches Gefühl gerade vorherrscht. »Auch dass Menschen Grundbedürfnisse wie den Wunsch nach Nähe oder die Angst vor Ablehnung haben, gehört zur Theory of Mind«, erläutert Bornemann. Menschen streben etwa danach, vor anderen gut dazustehen und so ihren Selbstwert zu erhöhen. Sie streben nach angenehmen Erfahrungen und vermeiden tendenziell unangenehme. Jeder Mensch hat ein Bedürfnis nach Nähe und zugleich nach Unabhängigkeit.

Dieses kleine Einmaleins der menschlichen Psyche hilft uns dabei, das Gegenüber einzuschätzen: Wer gerade gekränkt wurde, wird möglicherweise über den Verursacher schimpfen oder sich Zuspruch holen. Wer sich einsam fühlt, sucht Nähe. Wer sich eingeengt fühlt, wird Distanz schaffen.

Erst ein Zusammenspiel von emotionalen und kognitiven Elementen in der Empathie bestimmt, wie gut unsere Menschenkenntnis funktioniert. Und wir können daran arbeiten, darin besser zu werden. Wer seine soziale Kompetenz verbessern will, kann seinen »Menschenkenntnis-Muskel« im Alltag trainieren. »Je mehr Leute ich kennenlerne, umso leichter wird es mir fallen einzuschätzen, wie eine Person sich verhalten wird«, sagt Psychologe Bornemann.

Voraussetzung ist allerdings eine gewisse Offenheit. Familienfest, Cafébesuch, Bahnfahrt – wer mit offenen Augen durch die Welt geht, lernt ständig etwas über andere Menschen dazu: Jüngere Menschen haben andere Prioritäten als ältere. Verschränkte Arme können Abwehr, aber auch einfach Frösteln bedeuten. Mancher, der auf den ersten Blick unsympathisch wirkte, ist beim zweiten Blick sehr nett. Handlungen sagen oftmals mehr über Menschen aus als ihre Worte. Wer täglich übt, mehrt sein Wissen über typische Verhaltensmuster und ist weniger überrascht von seinen Mitmenschen. Die Empathie profitiert offenbar von Meditations- und Achtsamkeitsübungen. »Meditation hilft uns dabei, unsere eigenen Gefühle klarer zu fühlen und besser zu erkennen, und macht uns dadurch auch sensibler für die Gefühlsregungen anderer«, erklärt Bornemann.

In der ReSource-Studie des Max-Planck-Instituts in Leipzig übten sich die Probanden über mehrere Monate hinweg in Achtsamkeit und Meditation. Eine Testgruppe trainierte in einem Modul zusätzlich die Übernahme von Positionen anderer Teilnehmer. In diesem Modul wurde beispielsweise achtsames Zuhören und Perspektivwechsel geübt, erklärt Bornemann. Es zeigte sich: »Alle Meditierenden konnten ihre eigenen Gefühle deutlicher wahrnehmen. Aber nur Personen, die sich auch mit der Perspektivübernahme beschäftigten, verstanden auch besser, was im anderen vor sich geht.« Diese Veränderungen konnte man auf der Ebene des Gehirns nachweisen: Die Nervenstrukturen, die für die Theory of Mind verantwortlich sind, veränderten sich, es konnte eine erhöhte Dichte der betroffenen Regionen des Cortex nachgewiesen werden. »Wenn wir immer nur uns selbst als Referenz nehmen, ist unsere Menschenkenntnis sehr eingeschränkt«, erklärt Bornemann.

Diese Erfahrung machen auch Praktikerinnen wie Regine Heiland. Die Psychologin bringt Führungskräften in Seminaren bei, wie sie ihre Mitarbeiter und sich selbst besser verstehen und einschätzen können. Das Ziel: ein besseres Miteinander, weniger Konflikte und letztlich auch effektiveres Arbeiten. Dazu nutzt sie ein einfaches Persönlichkeitsmodell, benannt nach dem Psychoanalytiker Fritz Riemann und dem Schweizer Psychologen Christoph Thomann – das Riemann-Thomann-Modell. Das Modell geht davon aus, dass Menschen bestimmte Grundausrichtungen haben, die sich grob auf zwei Ebenen verteilen: Der eine mag die Abwechslung und begeistert sich schnell für Neues. Der andere zieht tendenziell die Kontinuität vor, mag es dauerhaft und stabil. Die zweite Achse ist das Bedürfnis nach Nähe oder Distanz. Nähetypen sind kontaktfreudig, Distanztypen brauchen etwas Luft zwischen sich und den anderen.

Das Modell scheint auf den ersten Blick banal, aber unsere Ausprägungen zeigen sich in jeder Alltagssituation: Der Distanztyp hält Meetings gern kurz und sachlich, der Nähetyp holt erst mal Kekse und Kaffee und ist auch am persönlichen Austausch interessiert. Der Dauertyp fragt nach dem Ergebnis eines Projekts. Der Wechseltyp hat gleich Ideen für neue Projekte. Richtig sichtbar werden die Typen im Stress: Dann möchte sich der Nähemensch austauschen, der Distanzmensch braucht einen Moment Ruhe, um runterzukommen, der Dauertyp beruhigt seine Nerven vielleicht mit Aufräumen, und der Wechseltyp lenkt sich ab. »Wer seine eigene Grundausrichtung und die seiner Kollegen und Chefs kennt, wird vieles erklärlich finden, was früher nur nervte«, sagt Heiland. »Das Modell hilft den Menschen, wertfreier auf die anderen zu gucken und seine Mitmenschen zu verstehen, ohne sie abzuwerten.« Die Kollegin, die nicht gern mit zehn Leuten zum Lunch geht, ist vielleicht kein Miesepeter, sondern mag einfach nicht so viel Nähe. Der Kollege, der immer fragt, ob es Belege für eine Behauptung gibt, ist kein Nörgler, sondern jemand, dem es um Sicherheit geht.

Denn das ist die Tücke bei fehlender Menschenkenntnis: Was wir nicht verstehen, werten wir gern ab, ordnen den anderen als doof, zickig oder seltsam ein, sagt Heiland. »Wir sind der Ansicht: Ich bin normal – und alle anderen brauchen eben noch ein bisschen.« In Heilands Training lernen die Menschen, dass es viele Normals gibt – und was die einen Normalen von den anderen Normalen unterscheidet. »Dieses Verstehen ist heilsam«, sagt die Psychologin. »Denn es entsteht ein Bewusstsein dafür, dass all diese Facetten ihre Berechtigung und auch ihren Nutzen im Miteinander haben.« An die Stelle der Abwertung tritt oftmals ein lächelndes Erkennen.

Was allerdings auch wahr ist: Im Trainingssetting sind alle beflügelt und davon überzeugt, dass sie andere von nun an viel besser einschätzen werden. Aber im Alltag stellen sie fest, dass sie doch wieder vorschnell urteilen. Warum? »Unsere Wahrnehmung anderer Menschen ist stark verzerrt durch Wahrnehmungsfehler«, erklärt der Psychologe und Leiter des Systemischen Instituts für Positive Psychologie Jens Förster aus Köln. Im Alltag tappen wir immer wieder in die Falle unserer falschen Annahmen. Ursache dafür sind vor allem Bestätigungsfehler, Halo-Effekt und Attributionsfehler.

Der Bestätigungsfehler: »Wenn ich mir ein Bild von einer Person gemacht habe, gibt es die große Tendenz, nur noch die Dinge wahrzunehmen, die in dieses Bild passen«, erläutert Förster. Wenn ich denke, dass mein Nachbar hilfsbereit ist, nehme ich nicht so sehr wahr, wenn er mir mal nicht hilft. Wenn ich die Kollegin als chaotisch oder launisch einsortiert habe, fällt mir nur noch auf, was in dieses Bild passt. »Dadurch korrigieren wir unseren ersten Eindruck nicht«, erklärt Förster.

Der Halo-Effekt: Ein Signal überstrahlt alles, ähnlich einem Heiligenschein (englisch »halo«). »Man schließt von Eigenschaften, die man wahrnimmt, auf unbekannte Eigenschaften – obwohl es gar keinen Zusammenhang gibt«, sagt Förster. Vor allem Attraktivität hat einen starken Halo-Effekt: In manchen Experimenten sprachen Probanden den hübscheren Soldaten zu, dass sie auch besser schießen, ihre Schuhe besser putzen und besser Mundharmonika spielen können als andere. In aktuelleren Studien zeigt sich immer wieder, dass attraktive Bewerber bessere Chancen auf einen Job haben. Chefs und Personaler halten sie für intelligenter und kompetenter.

Der Attributions- oder Korrespondenzfehler: »Wir tendieren dazu, vom Verhalten eines Menschen sehr schnell auf grundlegende Persönlichkeitseigenschaften zu schließen«, erklärt Förster. Dabei blenden wir völlig aus, dass in sehr vielen Fällen die Situation entscheidender für ein Verhalten ist als der Charakter.

Wie hartnäckig unsere Wahrnehmungsfehler sind und wie wenig wir uns darüber bewusst sind, wird auch im Gerichtssaal klar. Denn die Wahrnehmungsverzerrungen sind die Wurzel von Fehlurteilen. So deuten Studien darauf hin, dass Angeklagte, die eher kindliche Gesichtszüge haben, von Richtern als ehrlicher eingeordnet werden – und eher einen Freispruch bekommen, während Angeklagten mit kantigen Gesichtszügen häufiger kriminelle Energie oder Absicht unterstellt wird und sie überdurchschnittlich hart bestraft werden. Erschreckend dabei: »Profis sind nicht unbedingt bessere Menschenkenner.« Denn auch sie unterliegen den typischen Wahrnehmungsfehlern – oftmals ohne sie zu reflektieren. Psychologe Klaus Fiedler arbeitet häufig als Sachverständiger in rechtlichen Angelegenheiten und klärt über Gedächtnis- und Wahrnehmungsfehler auf. Vermutlich verhindert er so manchen Justizirrtum.

Vielleicht wäre Boris Bornemann auch einer der wenigen Passanten gewesen, die einen Moment länger beim Geiger an der U-Bahn-Station in Washington verharrt hatten.

Die eine Irritation gespürt hatten und ins Nachdenken gekommen waren. Die gesehen hatten: Der Geiger kann kein armer Schlucker sein, trotz der lässigen Kleidung und der Baseballkappe. Seine Hände sind viel zu gepflegt. Und sein Ton – meisterlich! Und bei näherem Hinsehen hatten diese wenigen Menschen bemerken können, dass er ein wertvolles Instrument hat. Dass er fantastisch spielt. Wer seine erste Einschätzung kritisch überprüft hätte, wer nicht den Geiger als armen Straßenmusiker abgewertet hätte, dem hätte vielleicht gedämmert, dass hier ein Weltklassemann musiziert. Aber in dem 45-minütigen U-Bahn-Konzert gelang das nur einer einzigen Frau. Sie profitierte von ihrer geschärften Wahrnehmung und begann einen kurzen Plausch mit dem Starviolinisten Joshua Bell.

Was wir nicht sehen

Vier typische Fehler bei der Einschätzung anderer

1. **Lügen sind schwer zu erkennen.** Wir können nicht gut beurteilen, ob jemand lügt. Denn zum einen gibt es nicht die eine Geste, die Lügner verrät. Zum anderen machen wir unser Urteil an Klischees fest, auf die sich unsere Gesellschaft geeinigt hat: Schaut mir jemand in die Augen, während er spricht, lügt er nicht. Wenn einer Schwäche zugibt oder sich emotional zeigt, auch nicht. Die Selbstdarstellung von Politikern funktioniert nur, wenn sie diese sozialen Klischees be-

spielen können. Ihr Auftreten wirkt dann glaubwürdig, ob sie es sind oder nicht.

2. **Selbstbewusstsein täuscht.** Wenn eine Person vom Laien zum Experten im Zwischenmenschlichen aufsteigt – etwa durch eine pädagogische Ausbildung –, steigt das Selbstwertgefühl in Sachen Menschenkenntnis, weil man so viel über die menschliche Psyche weiß. Doch die tatsächliche Kompetenz wächst leider nicht so stark wie das Selbstwertgefühl.

3. **Aus den Augen, aus dem Sinn.** Die Führungskraft oder die Vermieterin, die einen Mitarbeiter oder Mieter ausgewählt hat, wird oftmals feststellen: gute Wahl! Und sich damit in ihrer Menschenkenntnis bestätigen. Nur: All die abgelehnten Bewerber stehen für einen Vergleich ja nicht mehr zur Verfügung – man kann also gar nicht überprüfen, ob sie nicht noch bessere Qualitäten gehabt hätten. Ein unlösbares Problem.

4. **Kultur ist nicht Persönlichkeit.** Konventionen sind kulturabhängig, es gibt große Unterschiede zwischen Menschen aus Europa, Amerika und Asien. Amerikaner sind etwa oft sehr freundlich – Europäer halten sie deshalb für oberflächlich. Ohne den kulturellen Kontext liegen wir mit unserer Einschätzung häufig daneben.

»Wie ein Fingerabdruck«

Wer andere wirklich verstehen will, muss ihnen zuhören. Nicht nur ihren Worten, sondern der Stimme – sagt der Sprechwirkungsforscher Walter
Sendlmeier.

Ein Interview von Constanze Löffler

SPIEGEL: Herr Sendlmeier, was sagt mehr über eine Person
aus, Stimme oder Äußeres?

Sendlmeier: Ganz klar die Stimme. Sie können Botox sprit-
zen, ein Facelift machen und mich freundlich anlächeln, obwohl Sie ein Scheusal sind. Aber wenn Sie den Mund aufma-
chen, durchschaue ich Sie.

SPIEGEL: Woran machen Sie diese Blitzeinschätzung fest?

Sendlmeier: Die Stimme gibt einen tiefen Einblick in die
Persönlichkeit. Bestimmte akustische Merkmale im Stimm-
klang und bei der Sprechweise machen deutlich, ob jemand
extrovertiert oder introvertiert, emotional eher stabil oder
labil ist, ob sich jemand unter Kontrolle hat oder aggressiv,
gewissenhaft oder nachlässig ist. Das heißt: Auch wenn mich
das Äußere meines Gegenübers einnimmt, höre ich sofort, ob
ich ihm vertrauen kann oder mich fernhalten sollte.

SPIEGEL: Muss man dafür Profi sein?

Sendlmeier: Eigentlich können wir das alle. Nur passiert das bei den meisten Zuhörern relativ unbewusst, und sie können die Gründe nicht benennen. Aber sie hören das »irgendwie« und entscheiden sehr schnell, ob sie eine Stimme – und damit die Person – mögen oder nicht. Die Orientierung über die Stimme hilft übrigens auch, uns im Gespräch schnell auf den anderen einzustellen.

SPIEGEL: Wie meinen Sie das?

Sendlmeier: Wenn ich höre, der andere ist eher traurig, mache ich weniger Small Talk, bin rücksichtsvoller, defensiver, einfühlsamer. Auch das geschieht in der Regel unbewusst: Fragt man den Sprecher, hat er normalerweise nicht gemerkt, dass er seine Sprechweise an die Stimmung des Gegenübers angepasst hat.

SPIEGEL: Was hört man noch?

Sendlmeier: Wir erkennen das Geschlecht. Wir können das Alter mit plus/minus fünf Jahren abschätzen. Wir erfahren etwas über den Gesundheitszustand, beispielsweise ob jemand verschnupft ist oder heiser klingt. Wir erfassen, ob jemand eher gut drauf ist oder ob ihn Sorgen belasten. Freudig, traurig, ängstlich, ärgerlich – diese Grundemotionen können wir recht schnell und zuverlässig einschätzen.

SPIEGEL: Man kann emotionale Labilität und andere Eigenschaften wie Intro- und Extrovertiertheit aus einer Stimme heraushören? Das ist verblüffend.

Sendlmeier: In der Tat. Aber hören Sie mal genau hin: Emotional stabile Menschen sprechen in der Regel tiefer als emotional labile Menschen. Ihre Stimme zittert weniger; sie ist fester und stabiler. Von extrovertierten Sprechern wissen wir, dass sie deutlicher artikulieren; sie sprechen aber auch schneller und lauter als introvertierte. Ihre Satzmelodie ist lebendiger. Introvertierte Sprecher klingen dagegen monotoner, ihre Stimme und Sprechweise ist in Lautstärke, Tonhöhe und Sprechtempo weniger dynamisch.

SPIEGEL: Aber es gibt doch sicher auch mal krasse Fehleinschätzungen. Was, wenn der Mensch grundsätzlich fröhlich ist, aber gerade eine traurige Nachricht erhalten hat?

Sendlmeier: Das zu unterscheiden wird uns tatsächlich schwerfallen, wenn wir einer Stimme das erste Mal begegnen. Eine traurige Stimme ähnelt sehr einer depressiven: Beide klingen eher monoton, dumpf, haben weniger Höhe. Da kann es leicht zu Fehlschlüssen kommen. Das ist auch die Kritik, die ich an Stimmsoftware habe.

SPIEGEL: Stimmsoftware erstellt anhand von Stimmaufnahmen Einschätzungen zu Charakter und psychischer Verfassung. Warum sehen Sie das kritisch?

Sendlmeier: Einige Unternehmen nutzen Stimmsoftware, um ihre Beschäftigten oder auch Bewerber einzuschätzen. Dazu reicht ihnen eine etwa zehnminütige Stimmaufnahme, die das Programm analysiert. Die Software verspricht vordergründig eine bessere Kommunikation – um einen Burn-out zu verhindern, Depressionen schneller zu erkennen und, natürlich, um die besten Mitarbeiter zu finden. Da muss man aber sehr, sehr aufpassen. Gerade am Beispiel Traurigkeit versus Depression kann das ganz fatale Folgen haben – ein entsprechender Vermerk in den Akten und jemand ist möglicherweise für den Rest seines Lebens stigmatisiert.

Das Gehör ist immer noch der beste akustische Analysator, um menschliche Stimmen und Sprache zu erkennen.

SPIEGEL: Warum klingt jede Stimme anders? Wir haben doch alle die gleichen Sprechinstrumente.

Sendlmeier: Selbst wenn bei allen Menschen Kehlkopf, Rachen und Nasenhöhlen identisch geformt wären, hieße das noch lange nicht, dass wir mit diesen Sprechinstrumenten alle dasselbe machen. Für den Ausdruck der Stimme ist das Schwingen der Stimmlippen ganz entscheidend: Die Art und Weise, wie sie schwingen, bestimmt den Klang. Wie häufig sie schwingen, ergibt die Tonhöhe. Mit ein und demselben Kehlkopf können wir also ganz viele Stimmqualitäten erzeugen. Es gibt keine Stimme, keine Sprechweise auf dieser Welt ein zweites Mal. Die Stimme ist wie ein Fingerabdruck, ein individuelles Charakteristikum jedes Einzelwesens.

SPIEGEL: Wie verändern Gefühle die Stimme?

Sendlmeier: Unsere Stimmung beeinflusst unseren allgemeinen Muskeltonus. Wenn wir traurig sind, lässt die Muskelspannkraft beispielsweise nach, sind wir aufgeregt, ist sie erhöht. Dies erfasst auch die vielen kleinen, feinen Muskeln, die die Stimmlippen und das Knorpelgerüst des Kehlkopfs steuern. Je nach Anspannung und Entspannung sind diese unterschiedlich kontrahiert.

SPIEGEL: Aber wir können unsere Stimme und unseren Sprechstil auch ganz gezielt verändern.

Sendlmeier: Das stimmt. Ich spreche mit einem kleinen Kind anders als mit einem Polizisten. Und mit dem Freund anders als mit der Partnerin. Ganz intuitiv wechseln wir ständig zwischen den sozialen Rollen und den dazugehörigen

Stimmen. Wir können diese Stimmqualitäten allerdings auch bewusst einsetzen. Schon Kinder haben einen Sinn dafür, mit welcher Tonlage sie von Eltern kriegen, was sie wollen. Oder denken Sie an Verona Pooth und Heidi Klum. Aufgrund ihrer Körpergröße müssten sie eher eine tiefere Stimme haben. Sie sprechen aber bei ihren Auftritten oft mit einer hohen Kleinmädchenstimme. Das ist Teil ihrer Rolle.

SPIEGEL: Mit dem Alter verändert sich unsere Stimme. Warum das?

Sendlmeier: Das ist beispielsweise hormonellen Einflüssen geschuldet. Wir kennen den Stimmbruch bei jungen Männern. Frauen verändern ihre Stimme, wenn sie in die Wechseljahre kommen. Die Stimme wird tiefer. Das kommt Politikerinnen oder Frauen in Führungspositionen zugute.

SPIEGEL: Können Sie dafür Beispiele nennen?

Sendlmeier: Tiefere Stimmen assoziieren wir mit mehr Kompetenz, Souveränität und Autorität. Denken Sie nur an Maggie Thatcher. Ihr politischer Durchbruch ging genau mit dieser Lebensphase einher. Auch Angela Merkel wird seit ihrer Menopause positiver beurteilt. Vor 2005 war sie in ihrer mittleren Stimmlage deutlich höher, und viele haben sie als inkompetent gesehen. Das ist heute ganz anders. Durch ihre tiefere Stimmlage wirkt sie auf Menschen souveräner und glaubwürdiger. Durch ihre jahrzehntelange Erfahrung in der Politik spricht sie heute zudem viel gelassener.

SPIEGEL: Sind wir überzeugender, wenn wir ruhiger sprechen?

Sendlmeier: Das hängt immer von der Situation ab. Bleiben wir in der Politik. Wenn Sie in der Opposition sind, wenn Sie angreifen und herausfordern, wird von Ihnen erwartet, dass Sie kämpferisch und engagiert sprechen. Wenn Sie aber der Mächtige sind, müssen Sie auf Bedachtsamkeit und Kompetenz umschalten. Beispiel Guido Westerwelle von der FDP; er war im Wahlkampf 2009 sehr kämpferisch und hat die großen Parteien attackiert. Diese Sprechweise war der Situation angemessen. Als er dann Außenminister wurde, hätte er umschalten müssen hin zu Souveränität, zu mehr Ruhe und Gelassenheit. Er hat aber seinen Redestil beibehalten. So verlor er Stimmen und das Vertrauen. Der Sprechstil muss passen, dann ist er glaubwürdig.

SPIEGEL: Dann bestimmt also nicht das, was wir sagen, den Erfolg, sondern wie wir es sagen.

Sendlmeier: Auf jeden Fall. SPD-Parteitag November 1995: Rudolf Scharping war haushoher Favorit für den Parteivorsitz. Doch die Delegierten wählten Oskar Lafontaine. Was war passiert? Inhaltlich gab es bei den Reden der beiden Politiker wenige Unterschiede. Trotzdem hatten sie völlig unterschiedliche Wirkungen. Lafontaine schwor in seiner Ansprache die Partei ein, er war sehr emotional und kämpferisch. Scharping dagegen sprach unnatürlich aufgesetzt, und seine Stimme klang resigniert. Dadurch untergrub er selbst seinen Anspruch auf Führerschaft. Die Kraft, die Partei aus dem Stimmungstief herauszuholen, hat man ihm nicht mehr zugetraut. Derzeit erleben wir Ähnliches – mit umgekehrten Vorzeichen – bei den Grünen. Deren Ergebnisse schnellen nach oben, weil da zwei Menschen stehen, die mit ihren Reden mitreißen und glaubhaft rüberkommen. Viele fühlen sich von ihnen angesprochen, im wahrsten Sinne des Wortes.

SPIEGEL: Wer etwas erreichen will, sollte demnach an seiner Stimme feilen?

Sendlmeier: Wir können zwar zwischen unseren Sprechrollen wechseln. Aber Grundsätzliches an seiner Stimme zu verändern, ist gar nicht so leicht. Ein Stimmtraining kann helfen, aber es kann sehr langwierig sein und hängt stark vom Trainer ab. Stellt er die richtige Diagnose, kann er die Dinge, auf die es ankommt, gut vormachen? Und ist man selbst offen und lernwillig? Wir haben unsere Stimme in der Regel über Jahrzehnte hinweg entwickelt. Da etwas zu verändern, braucht Ausdauer. Aber vielleicht muss man das auch gar nicht. In Bewerbungsgesprächen wird die Person als besonders sympathisch befunden, die am natürlichsten spricht und sich am wenigsten verstellt, hat eine Untersuchung von uns gezeigt.

SPIEGEL: Dann sollten Partnervermittlungen statt Bildern lieber Hörproben verwenden?

Sendlmeier: Keine schlechte Idee. Worte können lügen. Bilder lassen sich verfälschen. Die Stimme dagegen ist unverwechselbar. Sie gibt untrüglich Aufschluss darüber, wer ich bin. Sie glaubwürdig zu verstellen und ein anderer zu sein, gelingt nur guten Schauspielern und Profisprechern. Wenn Sie also wirklich an einer Person interessiert sind, empfehle ich Ihnen, mit ihr zu telefonieren. Sie werden schnell merken, mit wem Sie es am anderen Ende der Leitung zu tun haben.

Das Innenleben der anderen

Sie wissen genau, wie Ihr Gegenüber tickt? Tatsächlich? Mit den folgenden Checklisten können Sie prüfen, welche Voraussetzungen Sie mitbringen, um andere sicher einzuschätzen.

Mit der Menschenkenntnis ist es wie mit dem Autofahren: Wir neigen leicht zur Selbstüberschätzung. Je nach Studie halten sich 80 bis 90 Prozent der Autofahrer für Könner, fast ebenso viele Menschen halten sich für fähig, die Persönlichkeit anderer treffsicher zu lesen. Dass die optimistische Selbstsicht in Sachen Autofahren oft wenig mit der Realität zu tun hat, weiß jeder, der schon mal auf einer Autobahn unterwegs war. Dass wir uns auch bei der Menschenkenntnis oft sehr vertun, ist dagegen nicht so offensichtlich. Typische Denkfehler führen zu Fehlurteilen – doch diese Fehler sind für uns selbst schwer zu identifizieren. »Bei der Einschätzung anderer lohnt, immer mal wieder daran zu denken, dass die eigene Wahrnehmung begrenzt und subjektiv ist. Das wäre ein Schritt in die richtige Richtung«, sagt Gitta Jacob. Die

Psychologin ist Expertin für Persönlichkeitsstörungen, bildet Psychotherapeuten aus und arbeitet als Beraterin im Gesundheitswesen. Mit den folgenden Checklisten können Sie prüfen, welche Voraussetzungen für eine gute Menschenkenntnis Sie haben und wie gut Sie die Fallen kennen, in die man bei der Beurteilung anderer tappen kann. Mit etwas Übung an der richtigen Stelle kann man seine Menschenkenntnis jedenfalls schnell steigern. Auch das ist ein bisschen wie beim Autofahren.

Mehr Wissen

Vor rund sechzig Jahren machte der britische Psychologe und Kognitionsforscher Peter Wason ein Experiment. Er nannte den Versuchspersonen die Zahlenreihenfolge 2–4–6 und bat sie, eigene Reihen zu erfinden, die auf der Regel hinter 2–4–6 basierten. Die meisten Teilnehmer der Studie notierten drei aufsteigende gerade Zahlen, und häufig steigerten sie die Zahlen jeweils um 2. Nur sehr wenige erfanden Reihen, die ihren Annahmen über die Regel hinter 2-4-6 *widersprachen*. Die Regel, die hinter 2-4-6 stand, lautete in Wahrheit aber nur: drei aufsteigende Zahlen und zwar ganz egal, welche. Wason schloss aus diesem Experiment, dass Menschen lieber Belege für ihre Annahmen und Wahrnehmungen suchen als Widersprüche zu diesen. In der Kognitionspsychologie spricht man heute vom

Bestätigungsfehler. Wir wählen, gewichten und werten Informationen so, dass sie unserem Weltbild entsprechen. Was dem widerspricht, werten wir ab, oder wir blenden es sogar ganz aus.

Aufgabe

Beantworten Sie die Aussagen auf den folgenden Listen mit »Ja« oder »Nein«. Wenn Sie sich nicht sicher sind, wählen Sie die Antwort, die eher passt. Zählen Sie alle »Ja«-Antworten zusammen, notieren Sie die Zahl im Extrakästchen.

1

Ja Nein

Würde mich jemand nach meinen drei größten Schwächen fragen, könnte ich darauf relativ zügig eine Antwort geben.

Ich weiß, wie andere mich sehen und wo ich selbst mich etwas anders wahrnehme.

Ja Nein

Wenn ich wütend oder genervt bin, frage ich mich auch, was das mit mir zu tun hat.

Manchmal finde ich eine Person aus unerklärlichen Gründen toll – dann überlege ich kurz, warum ich gerade so euphorisch bin.

Im Alltag weiß ich meist ganz gut, in welcher Laune oder Stimmung ich gerade bin und wie das meine Sicht auf andere beeinflusst.

Ergebnis: _____ x Ja

2

Wenn andere mir gegenüberstehen, achte ich nicht nur darauf, was sie sagen, sondern auch auf Körpersprache, Kleidung, Haltung.

Wenn ich bei Personen Widersprüche entdecke, etwa zwischen dem, was sie sagen und wie sie es sagen, hilft mir das bei der Einschätzung.

Ich finde, dass die Stimme viel darüber verrät, wie sicher sich jemand seiner Sache ist, ob er eher aufrichtig oder unaufrichtig spricht.

Ja Nein

Ein perfekter äußerer Eindruck und Eloquenz bringen mich dazu, kritisch zu prüfen, wie echt beziehungsweise fassadenhaft das Auftreten ist.

☐ ☐

Ich treffe Leute lieber zwei- oder dreimal, bevor ich mir ein Urteil über sie bilde.

☐ ☐

Ergebnis: _____ x Ja

3

Wenn jemand neu in meine Gruppe kommt, versuche ich mich in die Person hineinzuversetzen: Wie mag es ihr wohl jetzt gehen?

☐ ☐

In sehr stressigen oder unruhigen Situationen nehme ich die wütenden oder genervten Reaktionen anderer nicht so bierernst.

☐ ☐

Gibt es mit einer Person immer wieder Konflikte, frage ich mich, was ich dazu beitrage, dass es im Kontakt so oft knirscht.

☐ ☐

Ein gewisses Mitgefühl mit anderen habe ich – aber ich versinke auch nicht permanent im Mitleid.

☐ ☐

Ja Nein

Wenn ich Menschen beurteile, berücksichtige ich, ob sie weniger oder mehr Bildung, Geld oder Möglichkeiten haben als ich.

Ergebnis: _____ x Ja

4

Ich verlasse mich oft auf den ersten Eindruck.

Wenn Menschen freundlich, gut aussehend und stilvoll sind, spricht das schon ein bisschen für sie.

Wenn jemand, den ich noch nicht kenne, mir gleich blöd kommt, habe ich mir mein Urteil schnell gebildet.

Meine Menschenkenntnis halte ich für ziemlich gut.

Ich spüre Stimmungen der anderen genau – und weiß vielleicht manchmal mehr als sie selbst, was in ihnen vorgeht.

Ergebnis: _____ x Ja

5

	Ja	Nein

Wenn jemand erzählt, dass er sich oft mit Partnern oder Freunden zerstritten hat, denke ich: Warum sollte das mit mir anders laufen?

Ungute Erfahrungen habe ich immer mit dem gleichen Typus gemacht. Ich bin heute wachsamer, wenn ich ähnliche Menschen treffe.

Manche Menschen schmeicheln oder sind charismatisch. Ich habe eine Schwäche für sie, versuche aber, mich nicht blenden zu lassen.

Ich kann aus Erfahrung sagen, welchen Typ Mann/Frau ich in Partnerschaften eher meiden sollte – weil das einfach nicht gut passt.

Wenn ich mich von Menschen sehr angezogen fühle, schaue ich gut hin. Mit schwärmerischen Einschätzungen lag ich gelegentlich falsch.

Ergebnis: _____ x Ja

6

	Ja	Nein

Manche Leute sind immer brummelig oder meckern. Ich denke dann: Okay, die Person ist einfach schwierig, ich beziehe das nicht auf mich.

Es gibt Personen, die sich ständig selbst loben und andere runtermachen – mit ihnen bin ich vorsichtiger als mit anderen Menschen.

Wenn mich eine Person aufregt oder einschüchtert, frage ich mich gleich: »Geht das nur mir so – oder den anderen auch?«

Wenn Menschen freundlich sind zu jenen, von denen sie etwas wollen, und etwa zum Kellner unfreundlich, läuten bei mir die Alarmglocken.

Paranoid, ängstlich, kontrollsüchtig – manche Leute sind ein bisschen neurotisch. Es ist gut zu wissen, dass sie oft selbst darunter leiden.

Ergebnis: _____ x **Ja**

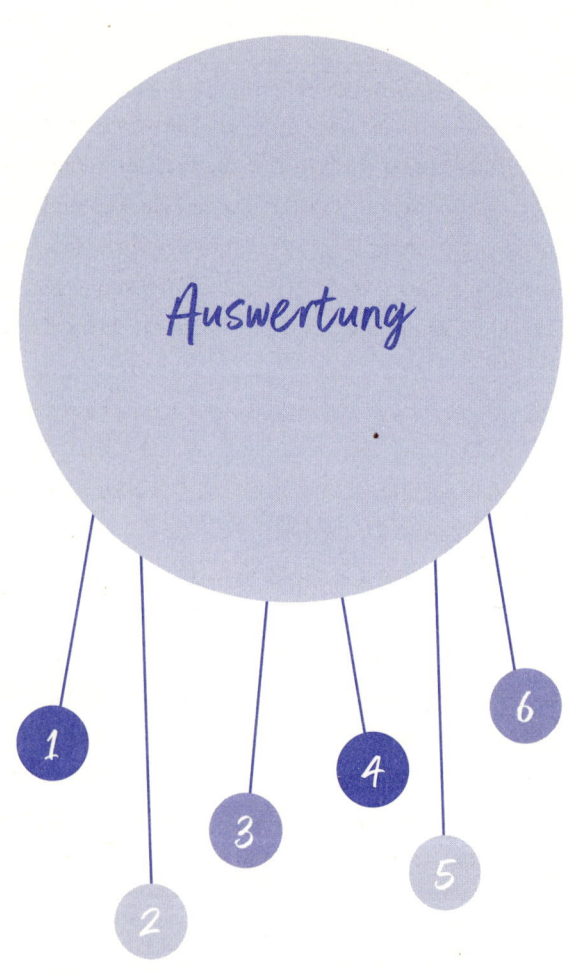

Auswertung

Selbstreflexion üben

Wenn Sie in dieser Checkliste dreimal oder häufiger mit »Ja« geantwortet haben, verfügen Sie vermutlich über eine gute Fähigkeit zur Selbstreflexion. Das heißt: Sie wissen ungefähr, wie Sie ticken, wo Ihre blinden Flecken sind – und was Sie selbst mit Ihrer Persönlichkeit oder Ihren Launen in Begegnungen einbringen. Diese Art der Selbsteinschätzung ist wahrscheinlich der wichtigste Schlüssel zur Einschätzung anderer. Wenn man die eigenen Gedanken und Emotionen bewusst wahrnimmt, kann man sich einerseits besser in andere hineinversetzen. Andererseits ist man in der Lage, das eigene Urteil über andere immer auch kritisch zu sehen, weil man seine Schwachstellen kennt.

Wenn Sie in diesem Check zweimal oder seltener mit »Ja« geantwortet haben, könnte es sich für Sie lohnen, den Einfluss der eigenen Gedanken und Gefühle auf die Beurteilung anderer besser einschätzen zu lernen. Oder in sozialen Situationen bewusster wahrzunehmen, was Sie selbst zur Atmosphäre beitragen. Selbstreflexion im Kontakt mit anderen ist allerdings ein lebenslanger Prozess – es lohnt sich für jeden, sie zu pflegen.

> **Tipp:** Denken Sie an eine Situation aus den vergangenen Tagen, in der Sie auf jemanden gereizt, zickig oder grantig reagiert haben, mit dem Sie sonst klarkommen oder den Sie nicht kennen,

zum Beispiel im Team, auf der Straße, beim Autofahren. Überlegen Sie, was der Grund für Ihren Ärger war. Was hatte die Reaktion mit Ihnen, Ihrer
Stimmung, Ihren Bedürfnissen zu tun? Diese Frage können Sie sich im Alltag öfter mal stellen. So
schulen Sie nach und nach Selbsterkenntnis und
Menschenkenntnis.

Beobachtungsgabe schärfen

Sie haben hier **dreimal oder häufiger »Ja« angekreuzt?**
Dann haben Sie wahrscheinlich eine gute Beobachtungsga-
be, suchen aktiv und systematisch nach Informationen, die
Ihnen Hinweise darauf geben könnten, was andere Menschen antreibt. Das ist vorteilhaft und kann Beurteilungs-
fehler verhindern. Denn je vielschichtiger man andere Menschen wahrnimmt, bevor man sich ein Urteil über sie bildet,
desto eher landet man tatsächlich bei den Eigenarten der Person – statt bei den eigenen Vorurteilen.

Falls Sie hier zweimal oder weniger »Ja« angekreuzt haben,
braucht Sie das aber nicht zu beunruhigen. Andere genauer
und mit Ruhe zu beobachten, kann man leicht lernen. Wenn
Sie dann noch ein wenig die Körpersprache beachten, die Mimik und das Auftreten, wenn Sie widersprüchliche Signale
bei einer Person entdecken, machen Sie sich ein komplexeres
Bild als bisher. Ein Beispiel: Viele Personen sprechen freund-

lich und zugewandt, wählen aber abfällige oder aggressive Begriffe wie »Großkampftag«. Andere finden blumige Worte, sprechen aber ruppig und gepresst. Hier zeigt sich natürlich nicht gleich der Charakter der Person. Es wird jedoch sichtbar, dass die Person beide Facetten hat – eine freundliche und eine ruppige. Und dass diese beiden Facetten möglicherweise auch im Konflikt stehen.

> **Tipp:** Der erste Eindruck hat durchaus eine Bedeutung. Wenn Sie im ersten Moment Gestik, Haltung, Stimme und Auftreten einer Person sehr genau beobachten, kann das hilfreich sein. Wichtig ist aber, dass Sie danach noch ein zweites und drittes Mal genau hinschauen, denn unser Verhalten ist auch situativ geprägt. Wenn Sie diese Eindrücke dann zu einem Gesamtbild zusammenfügen, haben Sie eine treffendere Einschätzung gewonnen.

 ## Perspektive wechseln

Sich in andere einfühlen. Sich in ihre Lage versetzen. Das fällt Ihnen wahrscheinlich leicht, wenn Sie sich in dieser Checkliste **dreimal oder häufiger für »Ja«-Antworten entschieden** haben. Die Fähigkeit, die Sicht und die Position anderer einzunehmen und nachzuerleben, wie man sich damit fühlt, ist für jede Art von Menschenkenntnis eine Grundvoraussetzung. Studien zeigen, dass die Empathiefähigkeit beispielsweise bei Studierenden gerade zurückgeht. Andere psychologische Untersuchungen belegen allerdings, dass es möglich ist, Mitgefühl zu trainieren.

Wenn Sie also auf dieser Liste häufiger »Nein« als »Ja« angekreuzt haben, könnte es für Sie passend sein, Ihr Einfühlungsvermögen zu schulen. Natürlich gibt es keine Verpflichtung zur Empathie. Wenn Sie aber merken, dass Sie im Beruf oder auch privat die Absichten anderer immer wieder falsch einschätzen und häufig das Gefühl haben, sich in Leuten getäuscht oder ihnen unrecht getan zu haben, könnte es hilfreich sein, an diesem Punkt anzusetzen.

Tipp: Üben Sie in alltäglichen Situationen einen Perspektivwechsel: Wenn Sie im Supermarkt stehen, versetzen Sie sich in den Kassierer hinein, wenn Sie in der Bank Schlange stehen, in die Kundenberaterin. Fragen Sie sich: Wie sieht die Welt aus dieser Perspektive aus? Wie fühlt es sich an, in dieser Position zu sein? Was könnten die Sorgen und Schwierigkeiten dieser Person sein? Allein dadurch, dass Sie die Perspektive anderer in Gedanken aktiv einnehmen, verändert und erweitert sich Ihre Sicht auf andere Menschen.

4 Fallen und Fehler entdecken

Wenn Sie in dieser Liste dreimal oder häufiger mit »Ja« geantwortet haben, sind Sie möglicherweise anfällig für typische Denk- und Zuschreibungsfehler. Wahrscheinlich sind Sie der Meinung, dass Sie über eine gute Menschenkenntnis verfügen, und urteilen deshalb schnell. Das mag oft praktisch sein – führt aber häufig zu systematischen Fehlern, die in der Psychologie Bias oder Urteilsverzerrung genannt werden.

Verbreitet ist in ersten Begegnungen der übertriebene Fokus auf die Person und das Vernachlässigen der Situation. Ein Beispiel: Wenn man in einem hektischen oder druckvollen Moment eine Person das erste Mal sieht und diese unfreundlich und fahrig ist, rechnet man dieses Verhalten fast nie den Umständen zu. Die meisten Menschen schließen vom Verhalten auf die Persönlichkeit, etikettieren den anderen als Ekelpaket und bleiben bei ihrem Urteil. Diesen Attributionsfehler kann man vermeiden, wenn man den Kontext immer mit im Blick hat. Das setzt aber voraus, dass man genau und mit etwas Abstand beobachtet. Wenn Sie in dieser Checkliste zweimal oder seltener »Ja« geantwortet haben, haben Sie wahrscheinlich schon ein gesundes Misstrauen gegenüber Ihren eigenen Denkfallen und Vorurteilen. Das kann die Treffsicherheit in der Einschätzung anderer erhöhen.

> **Tipp:** Besonders weit verbreitet ist der soge-
> nannte Attraktivitätsbias. Menschen, die groß,
> schlank, gut aussehend, freundlich und gut an-
> gezogen sind, schätzt man oft als kompetenter
> und angenehmer ein als andere. Dieses Phäno-
> men ist in unzähligen Studien repliziert worden.
> Achten Sie also in den nächsten Tagen darauf,
> ob Sie bei Ihren Urteilen über andere diese Art
> Wahrnehmungsverzerrung entdecken können.
> Und gehen Sie dann im Kontakt ein bisschen
> mehr in den Beobachtungs- statt in den Begeis-
> terungsmodus. Damit spart man sich und ande-
> ren oft eine Menge Ärger.

 ## Aus Einschätzungsfehlern lernen

Aus Schaden wird man klug? Wenn Sie in dem Check **drei-mal oder häufiger mit »Ja« geantwortet** haben, versu-chen Sie vermutlich, das zu beherzigen und aus schlechten Erfahrungen mit anderen zu lernen. Vielleicht analysie-ren Sie manchmal, warum es mit anderen zu Brüchen und Konflikten kam und mit welcher Sorte Mensch Sie im-mer wieder aneinandergeraten. Diese Reflexion der eige-nen Einschätzungsfehler ist ein wichtiger Baustein, wenn Sie Ihre Menschenkenntnis erweitern wollen. Denn die

Fehler der Vergangenheit weisen oft auf jene Fallen bei der Einschätzung anderer hin, in die zahlreiche Menschen tappen: Von charismatischen Zeitgenossen lassen sich viele blenden. Leute, an denen man vermeintliche Ähnlichkeiten entdeckt, haben sofort einen Sympathiebonus – auch wenn sie gar nicht nett sind. Und in Paarbeziehungen und engen Freundschaften gibt es bestimmte ungesunde Konstellationen, die man erst mal für sich selbst verstehen muss. Wenn man all das zusammenfügt, entsteht eine Art Landkarte der eigenen Schwächen und Sehnsüchte, die man auf andere Menschen projiziert. Und diese gibt Ihnen eine gute Orientierung.

Haben Sie in diesem Check zweimal oder seltener mit »Ja« geantwortet, dann kann es sein, dass Sie jeden Menschen zunächst unvoreingenommen betrachten und ihm eine Chance geben wollen. Das ist freundlich. Wenn Sie aber merken, dass Sie immer wieder in die gleichen Einschätzungsfallen tappen, könnte es sich lohnen, ein paar Faustregeln zu formulieren, bei welchen Signalen anderer Sie vorsichtig werden oder auf Distanz gehen wollen.

Tipp: Überlegen Sie, wann Sie das letzte Mal von einer Person überrascht oder enttäuscht waren. Was hätten Sie nicht erwartet? Überlegen Sie auch, ob Sie sich in anderen Lebensphasen schon auf ähnliche Weise geirrt haben. Was könnte daraus folgen? Wichtig: Wenn Sie unsicher sind, fragen Sie andere. Freunde erkennen

> Ihre Schwäche für bestimmte Konstellationen oft
> leichter als Sie selbst.

 ## Schwierige Menschen erkennen

Man liest viel über »schwierige Menschen«. Doch kann man die Welt tatsächlich in unkomplizierte und komplizierte Zeitgenossen einteilen? Wenn Sie in dieser Checkliste dreimal oder häufiger mit »Ja« geantwortet haben, dann wissen Sie wahrscheinlich, dass es durchaus sinnvoll sein kann, für manche Menschen das Etikett »schwierig« zu verwenden. Denn in jeder Abteilung, Nachbarschaft und in jedem Bekanntenkreis gibt es Leute, mit denen man Streite oder Konflikte nicht lösen kann und die nicht einlenken können oder wollen. Das Label »schwierig« bezeichnet also einen Mangel an Konflikt- und Konsensfähigkeit.

Es kann sehr hilfreich sein, die wenigen Menschen, die so ticken, gleich zu erkennen. Glücklicherweise ist das nicht wirklich schwer. Zwei Fragen helfen dabei: Haben alle anderen die gleichen Schwierigkeiten mit dieser Person? Zeigt die Person das unzufriedene, intrigante, misstrauische Verhalten manchmal oder in nahezu jeder Situation? Hat man jemanden als schwierig erkannt, gilt folgende Regel: Falls man wenig Kontakt hat und nicht auf den Konsens mit der Person angewiesen ist, kann man ihr aus dem Weg gehen. Ist es dagegen die Chefin oder ein Kollege, mit der oder dem man eng zusammenarbeiten muss, ist schlicht mehr Vorsicht und Diplomatie geboten als bei anderen. Wenn Sie in dieser Liste zweimal oder seltener ein Kreuz bei »Ja« gemacht haben, könnten Ihnen diese kurzen Einordnungen vielleicht helfen, nicht ungebremst mit den schwierigsten Zeitgenossen aneinanderzugeraten.

Tipp: Es ist okay, jemanden für den Hausgebrauch als »schwierig« zu kennzeichnen. Doch sollten Sie mit der Diagnose nicht hausieren gehen, sondern Ihre Einschätzung, Ihre psychologischen Analysen oder Schuldzuweisungen für sich behalten. Ob der andere nun ein Narzisst, eine Psychopathin oder ein Kontrollfreak ist, darf gern dessen Privatsache bleiben.

COACHING

Andere besser einschätzen

Wie tickt mein Gegenüber? Wenn Sie diese Frage beantworten können, wird es leichter, mit anderen auf passende Weise umzugehen, ihr Verhalten zu verstehen und zu erkennen, was einzigartig an ihnen ist. Hier finden Sie praktische Übungen, mit denen Sie Ihre Menschenkenntnis verbessern können.

Dauer

In diesem Coaching finden Sie viele Beobachtungs- und Selbstbeobachtungsaufgaben, die Sie im Alltag ausprobieren können. Es ist ratsam, auf jede dieser Übungen einige Tage Zeit zu verwenden und einen bewussten Blick auf andere zu trainieren. Sie können die acht Schritte also gut in zwei bis vier Wochen machen.

Schritt 1: Beobachten statt bewerten: Haltung, Mimik, Gestik

Wenn Sie einschätzen wollen, wen Sie vor sich haben, ist es nicht ratsam, sich nur auf das Bauchgefühl zu verlassen. Ein vielversprechender Weg ist es, andere über eine bestimmte Zeitspanne sorgfältiger wahrzunehmen. Gestik, Mimik, Haltung und Sprache sind Bereiche, die Persönlichkeit oder Lebenshaltungen zeigen.

Im Folgenden finden Sie eine Liste mit Parametern, die Sie bei anderen beobachten können. Kreuzen Sie zwei Punkte an. Schauen Sie sich Freunde, Bekannte, Unbekannte einige Tage durch diese »Brille« an – und bleiben Sie im Beobachtermodus.

☐ **Auftreten und Gang:** Ob Menschen energisch, behutsam oder langsam gehen, lässt vor allem auf ihre aktuelle Stimmung schließen. Wenn jemand immer langsam oder beschwingt geht, dann sieht man daran möglicherweise das Ausmaß an Energie beziehungsweise die Art des Haushaltens mit Energie. Gleichzeitig findet man ein resolutes, lautes Auftreten oft bei eher extrovertierten

Menschen, ein zurückhaltendes, ruhiges bei eher introvertierten Menschen.

Haltung: Je nachdem, ob die Körperhaltung einer Person eher starr oder fließend ist, kann man ahnen, ob ein Mensch sich eher kontrolliert oder »gehen lässt«. Körperhaltungen können aber auch Ausdruck von Stimmungen sein. Wer deprimiert ist oder Schmerzen hat, lässt oft die Schultern hängen. Ängstliche gehen in Habtachtstellung, wirken übermäßig angespannt.

Gestik und Mimik: An Gesten und am Gesichtsausdruck sieht man, ob jemand eher extrovertiert oder introvertiert, eher ausdrucksstark oder zurückhaltend ist. Vorsicht: Übertriebenes oder ungeschicktes Gestikulieren kann auch auf Nervosität in einer konkreten Situation hinweisen.

Sprachfluss: Wer schnell, aber mit wenig Struktur spricht (zum Beispiel sagt: »Das ist ja eine Superidee, aber was ich noch erzählen wollte ...«), ist wahrscheinlich eher gefühlsgesteuert und extrovertiert. Wer wenig Sprachmelodie hat und strukturiert spricht, ist oft eher sachorientiert. Dann gibt es Menschen, die schnell auf den Punkt kommen – und Tatkraft ausdrücken. Und solche, die drum herumreden – und sich damit als vorsichtig oder konfliktscheu zeigen.

Nicht zu schnell

Sammeln Sie möglichst viele Infos und Eindrücke, formen Sie langsam ein Gesamtbild. Vermeiden Sie es, von kleinen Beobachtungen auf die ganze Persönlichkeit zu schließen, etwa eine krumme Körperhaltung als Ausdruck einer »schlappen« Persönlichkeit zu deuten.

Überlegen Sie im Rückblick: Was verändert sich, wenn Sie eher beobachten als bewerten?

Schritt 2: Sich selbst verstehen

Wer andere Menschen und deren Stimmungen einschätzen will, braucht vor allem eins: ein gutes Gefühl für sich selbst. Wenn Sie also besser verstehen wollen, wie andere ticken, lernen Sie am besten zunächst am eigenen Modell. Dazu gibt es hier zwei Übungen – mit denen Sie Ihre eigenen Gefühle und Ihre Fehleinschätzungen besser wahrnehmen können.

Übung 1: Das Angenehme und das Unangenehme spüren

Erinnern Sie sich zurück an die vergangenen Tage, und filtern Sie eine Situation heraus, die Sie eher angenehm fanden, und eine, die Sie eher unangenehm fanden. Versetzen Sie sich nun nacheinander in diese beiden Situationen hinein. Spüren Sie, was genau gut daran war und Sie froh gestimmt ha- beziehungsweise was an der zweiten Situation so schwierig und unangenehm war? Bleiben Sie bei jeder Szene etwa eine Minute lang, und ergründen Sie Ihre Gefühle. Wie fühlen Sie sich, warum fühlen Sie sich so? Sind Sie in Resonanz mit Ihren Gefühlen gekommen? Wenn Sie möchten, notieren Sie dazu ein paar Stichworte.

- Was haben Sie in der angenehmen Situation gefühlt?
- Was haben Sie in der unangenehmen Situation gefühlt?

Zwischendurch

Fragen Sie sich im Alltag gelegentlich: Wie fühle ich mich jetzt? Ist das Gefühl eher angenehm oder unangenehm? Wo kommt es her? So üben Sie den Blick nach innen!

Wiederholen Sie diese Übung in der kommenden Woche einige Male.

Übung 2: Fehleinschätzungen erkennen

Wählen Sie drei Situationen aus der letzten Zeit heraus. Eine Situation,

… in der Sie eine bisher unbekannte Person als eher unsympathisch bewertet haben.

... in der Sie eine Person im ersten Kontakt nett und sympathisch fanden.

... in der Sie eine bisher unbekannte Person neutral empfanden oder nicht klar einordnen konnten.

Reflektieren Sie nun genauer, was für Situationen das waren, und nutzen Sie dazu folgende Fragen:

- In welcher Stimmung waren Sie selbst in diesen Situationen? Fühlten Sie sich wohl oder unwohl, hatten Sie gute oder schlechte Laune?
- Wie sehr hat Ihre eigene Stimmung und die Situation, in der Sie sich befanden, das Urteil über den anderen Menschen beeinflusst?

Suchen Sie nach den Zusammenhängen zwischen Ihrer Stimmung und der Beurteilung anderer. Oft zeigt sich in dieser Übung, dass man in hektischen oder unangenehmen Situationen, in denen man sich selbst nicht wohlfühlte, auch andere kurzerhand negativer einschätzt. In Situationen, in denen es einem selbst gut geht, schätzt man auch andere wohlwollender ein. Hat sich für Sie ein solcher Zusammenhang gezeigt?

Fazit: Sobald Sie in den kommenden Wochen andere Menschen beurteilen oder einschätzen möchten, achten Sie darauf, wie es Ihnen selbst in diesem Moment geht. Und konzentrieren Sie sich ganz bewusst darauf, die anderen wahrzunehmen, wie sie sind – ohne dass Sie sich von Ihrer eigenen Stimmung in die Irre führen lassen.

3

Schritt 3: Einfühlungsvermögen schulen

Wer einen passenden Umgang mit anderen finden will, braucht Empathie. Diese Fähigkeit besteht aus zwei Komponenten – einer emotionalen und einer kognitiven. Bei der ersten geht es darum, die Gefühle der anderen wahrzunehmen. Die zweite ist eine eher mentale Perspektivübernahme, ein Sichhineinversetzen in die Position und das Leben von anderen. Beide Faktoren können Sie in diesem Schritt trainieren.

Werkzeug 1: Andere nachahmen

Wer sich in die Körperhaltung anderer hineinversetzt, spürt oft sofort, wie der andere sich gerade fühlt und wie er tickt. Das können Sie nutzen: Denken Sie an eine Person, die Sie kennen, mit der Sie häufig zu tun haben, die Sie aber nicht wirklich verstehen. Nehmen Sie in einer ruhigen Minute eine typische Haltung ein und ein typisches Bewegungsmuster, mit dem diese Person normalerweise durch die Welt geht. Bei einer herrischen Kollegin imitieren Sie deren forschen Gang und laufen so ein paar Schritte durchs Zimmer. Bei einem misstrauischen, kleinlichen Nachbarn nehmen Sie dessen Haltung ein. Haben Sie eine Person gefunden? Gut. Dann probieren Sie es nun aus, und achten Sie dabei darauf, welche Informationen Sie erhalten:

- Welche Gefühle und Gedanken haben Sie in der Haltung?
- Wie sehen Sie die Welt?
- Wie sehen Sie sich selbst?

Nehmen Sie diese Eindrücke ganz bewusst wahr, und rufen Sie sich diese in Erinnerung, wenn Sie dieser Person das nächste Mal begegnen.

Werkzeug 2: Andere Positionen einnehmen

Denken Sie an eine Person aus dem weiteren Umfeld, die Sie nicht gut kennen, deren soziale Situation Ihnen eher fremd ist und über die Sie sich gelegentlich ärgern. Es kann der Verkäufer im Kiosk, die Zahnärztin oder die Abteilungsleiterin sein. Konzentrieren Sie sich nun auf diese Person, und nehmen Sie im Geiste die Rolle ein, in der die andere Person agiert. Versuchen Sie sich vorzustellen, wie sich eine Person in der Rolle der Chefin, des ungelernten Arbeiters oder der gefragten Ärztin fühlt. Es kann auch helfen, sich bildlich vorzustellen, am Schreibtisch der Chefin zu sitzen oder hinter dem Tresen des Kiosks zu stehen. Also: Wechseln Sie in die Position des anderen, und schauen Sie aus dieser anderen Perspektive in die Welt.

- Was fällt Ihnen auf?
- Was ist anders?
- Was haben Sie vorher gar nicht gesehen?
- Welchen Ausschnitt der Welt haben Sie nun im Blick?

Spüren Sie nach, wie diese Faktoren die Gemütslage und Sichtweise Ihres Gegenübers mitbestimmen. Und versuchen Sie, bei der nächsten Begegnung daran zu denken.

> **Tipp:** Reflektieren Sie, wie es Ihnen mit den Empathieübungen gegangen ist. Haben Sie das Gefühl, andere besser zu verstehen? Fühlen Sie sich Menschen ein bisschen näher, die Ihnen bisher weit weg erschienen? Hat das Einfühlungsvermögen den Kontakt zu anderen Personen verändert? Falls Sie mit diesen Übungen etwas anfangen konnten, kann es sich für Sie lohnen, sie über die gesamte Zeit des Coachings weiterzuführen.

4

Schritt 4: Beobachten statt bewerten: Denkstile erkennen

Unsere Wortwahl sagt viel aus über unsere Vorlieben und unsere Art zu denken. Einige Trainer und Psychologen sind heute der Ansicht, dass Menschen entweder sachlich, emotionsbezogen oder meinungsbezogen orientiert sind – und dass sie leichter mit anderen kommunizieren können, wenn sie in ihrem bevorzugten Sprach- und Denkstil angesprochen werden. Hier lernen Sie die unterschiedlichen Stile kennen.

Vorlieben anderer wahrnehmen

Mithilfe der unten stehenden Aussagen können Sie einschätzen, wie Sie selbst oder andere Menschen sprachlich ausgerichtet sind. Lesen Sie die Liste durch, und überlegen Sie, wie Sie Ihre eigene Art zu sprechen einordnen würden. Dann wählen Sie zwei Menschen aus Ihrem Umfeld aus und überlegen, wie diese sprachlich und gedanklich ticken:

☐ Wer **sachlich** spricht und für Sachargumente zugänglich ist, sagt gern »Im Bericht steht ...« oder »Tatsache ist ...«. Außerdem nennen sachlich orientierte Menschen gern Fakten und Zahlen, fragen andere auch oft als Erstes danach. Wer sachlich denkt, redet oft knapp und wenig emotional. Dies gilt im Beruf ebenso wie privat.

☐ Wer **emotional** spricht und für Emotionen zugänglich ist, sagt: »Ich habe das Gefühl ...« oder »Damit fühle ich mich nicht wohl ...«. Außerdem benennen emotional orientierte Menschen gern eigene Gefühle und neigen häufiger zu blumiger oder dramatischer Sprache. Diese Art zu sprechen kommt privat und im Beruf vor. Auch im Job, wo Sachlichkeit immer eine Rolle spielt, betonen emotionale Sprecher stets ihre eigenen Gefühle und die Gefühle anderer in einer Angelegenheit.

☐ Wer sich an **Meinungen** orientiert, sagt häufig »Meiner Meinung nach ...« oder »Ich bin der Ansicht ...« oder auch »Ich möchte Ihren Standpunkt hören«. Meinungsmenschen ist es also immer auch wichtig, dass andere Position beziehen. Wer meinungsstark spricht, tut dies überall, ob privat oder im Beruf. Oft überfallen Meinungsstarke andere mit ihrer Position – sie wollen damit möglicherweise das Gegenüber aus der Reserve locken.

Haben Sie einordnen können, welches Ihr bevorzugter Sprach- und Denkstil ist? Konnten Sie auch erkennen, ob die zwei ausgewählten Menschen, an die Sie gedacht haben, eher sachlich, emotional oder meinungsstark sind? Gut. Dann gehen Sie nun einen Schritt weiter, und überlegen Sie sich, wie Sie jeweils mit diesen Menschen überzeugender kommunizieren können als bisher.

Werkzeug: Dem anderen entgegenkommen

Probieren Sie, auf den Kommunikationsstil des Gegenübers einzugehen. Lassen Sie bei sachlichen Typen vorsichtig ein paar Fakten einfließen, und verzichten Sie auf zu viel Gefühl. Legen Sie für Gefühlsmenschen Emotion in Ihre Sätze. Holen Sie Meinungsstarke mit einem Standpunkt ab. Sie werden sehen, dass Sie besonders mit den »Typen«, mit denen es in Gesprächen oft geknirscht hat, auf diese Weise besser reden können. Übertreiben Sie es aber mit dem Entgegenkommen nicht. Bleiben Sie Ihrem eigenen Sprachstil grundsätzlich treu, sonst wirkt es künstlich.

> **Tipp:** Das Einlassen auf den Stil der anderen hat Grenzen. Wenn beim Gegenüber ein Stil sehr stark ausgeprägt ist, ist es eher ratsam, das kurz zu registrieren – und dann auf eine sachliche Schiene einzulenken. Mit komplett dogmatischen »Meinungstypen« und überzeugten »Bauchmenschen« kann man im Job und anderen, offizielleren Situationen oft nur umgehen, wenn man gemeinsam eine sachbezogene Ebene findet.

Schritt 5: Blender identifizieren

Einer der wichtigsten Gründe, warum man versucht, andere genau einzuschätzen: Man will sich nicht täuschen – um nicht enttäuscht zu werden. Es gibt allerdings »Typen«, bei denen viele Menschen danebenliegen. Narzissten und Blender stellen sich oft als kompetent und vertrauenswürdig dar, obwohl sie es nicht sind. In den folgenden Übungen sind Techniken zusammengestellt, mit denen Sie Blender erkennen.

Übung: Genauer nachfragen

Denken Sie an eine Person, die Sie noch nicht lange kennen und von der Sie extrem begeistert oder angetan sind. Überlegen Sie sich, ob Sie vielleicht von Charisma, Charme oder dem starken Selbstvertrauen des Gegenübers ein wenig geblendet sind. Haben Sie eine solche Person oder sogar mehrere vor Augen? Dann fangen Sie an, ab jetzt etwas konkreter nachzufragen:

Im Beruf: Wann immer der andere sagt, was er alles Tolles kann und macht, lassen Sie sich Beispiele und Referenzen nennen oder fragen Sie nach, wie er oder sie in der Vergangenheit bestimmte Probleme gelöst hat. Was könnten Sie die Person konkret fragen, die Sie jetzt vor Augen haben?

Im Privatleben: Erfragen Sie, ob die Person, die viel verspricht, in der Vergangenheit in anderen Liebesbeziehungen, Freundschaften, Projekten tatsächlich so liebevoll, loyal, tatkräftig war, wie sie zu sein vorgibt. Was könnten Sie die Person konkret fragen, die Sie jetzt vor Augen haben?

Tipp: Man kann jemanden, den man für einen Blender hält, auch fragen, was er oder sie für die größten eigenen Schwächen hält. Wer sehr von sich überzeugt ist und sich nicht realistisch und selbstkritisch mit sich auseinandersetzt, kann dazu nicht viel sagen.

Reflexion

Haben Sie Ungereimtheiten oder Widersprüche bemerkt – oder konnte die Person gut auf Ihre Fragen eingehen?

Schritt 6: Aus Erfahrung lernen

Um noch besser zu verstehen, wie Menschen ticken und wie man selbst mit anderen agiert, ist es wichtig, eine Rückschau auf Beziehungen und Begegnungen im eigenen Leben zu wagen. Die Frage, in welcher »Sorte« von Mensch Sie sich immer wieder getäuscht haben, kann Sie einen entscheidenden Schritt weiterbringen. Hier gibt es eine Übung dazu:

Reflexion: Meine Enttäuschungen

Gehen Sie ein bisschen in der Zeit zurück. Denken Sie an eine Situation vor etwa einem Jahr, in der Sie sich in einer Person geirrt haben und enttäuscht waren. Notieren Sie auf einem Zettel kurz, welche Person oder welche Situation das war. Gehen Sie dann fünf Jahre zurück: Denken Sie an eine Freundschaft, Beziehung, ein kollegiales Verhältnis, bei dem Sie sich in einer Person geirrt haben oder enttäuscht waren, weil sich die Beziehung ganz anders entwickelt hat, als Sie es vorher gedacht hatten. Schreiben Sie auch dazu zwei bis drei Stichpunkte auf. Denken Sie nun auch noch weiter zurück an eine Situation aus Ihrer Jugend, in der Sie sich in einem Ihrer Schul- oder Jugendfreunde getäuscht haben.

Wenn Sie drei Situationen gefunden haben, dann schauen Sie sich diese an, und beantworten Sie folgende Fragen: Gibt es ein Muster? Waren es immer ähnliche Konstellationen oder ähnliche Irrtümer?

Tipp: Typische »Fehlgriffe« erlebt man oft in Beziehungskonstellationen, in denen man auf eine Person fliegt, die sich dann als nicht zuverlässig, schwach, ambivalent und so weiter entpuppt. Falls Sie ein solches Muster in mehreren Beziehungen erkennen, versuchen Sie unbedingt, es vor sich selbst zuzugeben. Und denken Sie in Zukunft öfter daran, auf welchen Partnertyp oder welchen Freundinnentyp Sie fliegen. Denn: Wer seine Muster kennt, kann lernen, diese bei der Einschätzung anderer zu erkennen und bewusst zu reflektieren – und so nicht immer wieder dieselben Fehler zu machen.

Schritt 7: Schwierige Zeitgenossen erkennen

Es wird oft über den Umgang mit »schwierigen Mitmenschen« gesprochen. Und tatsächlich ergibt es nach Meinung vieler Kommunikationstrainer und Psychologen Sinn, einen

Blick für diese Zeitgenossen zu entwickeln. Hier lernen Sie das.

Es ist nicht ratsam, eine Person als »schwierig« einzuordnen, nur weil man sie nicht mag. Besser ist, wenn Sie sich an der folgenden Definition orientieren: Eine »schwierige« Person kommt in Konfliktsituationen mit den meisten Menschen nicht in vertretbarer Zeit zu vernünftigen Kompromissen. Eventuell kommt man bereits nach geringfügigen Konflikten nicht mehr auf ein gemeinsames Arbeits-, Nachbarschafts- oder Partnerschaftslevel. Psychologischer Hintergrund für ein solches Verhalten sind oft unflexible Persönlichkeitsmuster, wie eine hohe Kränkbarkeit und/oder »Rechthaberei«, großes Misstrauen oder Selbstunsicherheit.

Sie finden hier nun eine Checkliste, mit der Sie schwierige Personen identifizieren können. Dabei gibt es eher die »lauten«, aggressiven schwierigen Zeitgenossen – aber auch »leise«, zurückgenommene Menschen können schwierig sein. Lesen Sie die Liste durch, und schauen Sie, ob Ihnen im Umfeld jemand einfällt, der in diese Richtung geht. Schwierige Mitmenschen …

☐ … haben häufig im Team oder in der Nachbarschaft Konflikte mit mehreren Personen, die auch bereits lange anhalten.

☐ … sind häufig grummelig oder beleidigt und legen jedes Wort auf die Goldwaage.

☐ … meckern und beschweren sich mehr als andere – also auch über Kleinigkeiten.

☐ … sind beim Aushandeln von Kompromissen oft sehr unflexibel. Auch einfache Interessenkonflikte werden zu größeren Streitpunkten.

☐ … teilen selbst sehr kritisch aus, sind aber selbst nicht besonders kritikfähig.

☐ … sind Leute, denen oft ein schlechter Ruf vorauseilt, in Abteilungen, Nachbarschaften, Bekanntenkreisen.

☐ … erkennt man auch daran, dass sie sich oft in professionellen Kontexten und ohne Rücksicht auf Hierarchien sehr vehement, emotional oder ruppig abgrenzen.

Stopp mal!

Hier ein kurzer Test: Wenn Sie auf der Checkliste etwa 5 Prozent Ihres Umfeldes als schwierig einordnen, kommt das ungefähr hin. Falls es 95 Prozent sind, kann es sein, dass Sie selbst gelegentlich eine eher »schwierige Person« sind, die mit vielen anderen Menschen Konflikte hat.

Haben Sie einige Personen in Ihrem Umfeld in die Kategorie »schwierig« eingeordnet? Dann können Sie nun in einem weiteren Schritt üben, mit diesen Personen anders umzugehen als bisher. Zunächst zwei Fragen:

- Wer fällt Ihnen dazu ein?
- Was könnten Sie ändern?

Werkzeug: Ein Quantum Vorsicht

Wer erkannt hat, dass andere, mit denen man im Job oder privat zu tun hat, auf eine laute Art schwierig sind, kann ab jetzt versuchen, sich nicht mehr alles zu Herzen zu nehmen, was die andere Person an Kritik vorbringt: Nehmen Sie es nicht persönlich. Lassen Sie den anderen reden. Bleiben Sie diplomatisch, und vertreten Sie trotzdem Ihren Standpunkt, allerdings möglichst höflich und ohne große Emotionen. So können Sie Nerven für sich selbst sparen – erreichen aber beim schwierigen Gegenüber mehr. Denn Sachlichkeit kommt den Eigenarten eines »Schwierigen« durchaus entgegen. Probieren Sie es! Manche Leute sind »schwierig«, und man mag sie trotzdem. Dann kann, wenn man vorsichtig ist und Respekt zeigt, oft ein guter Draht zueinander entstehen. Ansonsten bietet sich an, schwierigen Personen, wenn es möglich ist, aus dem Weg zu gehen. Natürlich können Sie sich auch endlos aufregen – aber ändern werden Sie sie dadurch nicht!

Tipp: Wenn Sie feststellen, dass eine Person, die zu Ihrem engsten Kreis gehört, zum Beispiel die Partnerin oder der Schwiegervater, zu den

»schwierigen Menschen« gehören, wissen Sie wahrscheinlich, wie Sie einen Umgang finden – schließlich ist man sich nah, kann einander erreichen. Falls Sie aber merken, dass es Sie unendlich Kraft kostet, mit dieser Person in Kontakt zu sein, sollten Sie sich eventuell von einem Profi beraten lassen. Aber Vorsicht: Nicht jeder Partner, der einem auf die Nerven geht, ist ein schwieriger Mensch!

Schritt 8: Ein neuer Blick auf andere

Die meisten Fehleinschätzungen entstehen, weil Menschen ihre Intuition und ihre Erfahrung überschätzen – und so eigenen Vorurteilen und Einschätzungsfehlern aufsitzen. Sie finden hier deshalb zum Abschluss eine Übung, die Ihnen hilft, auch in Ihrem Alltag häufiger eine offene, behutsame Haltung anderen gegenüber einzunehmen.

Wie geht es weiter?

Hier finden Sie nun eine Liste mit allen Übungen und Aufgaben, die Sie in diesem Coaching ausprobieren konnten. Lesen Sie diese Liste in Ruhe durch, und suchen Sie sich einen Tipp oder eine Übung aus, der oder die für Sie besonders hilfreich oder einleuchtend war:

☐ Sich selbst und Ihre eigenen Gefühle besser wahrzunehmen

☐ Besser zu verstehen, wann Ihre eigene Laune oder eine Situation Ihr eigenes Urteil verzerrt und ungut beeinflusst

☐ Wie man Mimik, Gestik, Sprache und Haltung anderer beobachtet und daraus (vorsichtige) Schlüsse über eine Person zieht

☐ Emotionale, sachliche und meinungsstarke Sprachstile voneinander zu unterscheiden und einzuordnen

☐ Empathisch zu sein – indem man die Körperhaltung anderer einnimmt

☐ Empathisch zu sein – indem man die Perspektive wechselt und aus der Position anderer die Welt betrachtet

☐ Wie Sie Blender erkennen können

☐ Wie Sie schwierige Zeitgenossen erkennen

☐ Wie Sie aus eigenen Fehleinschätzungen lernen und ungute Beziehungsmuster erkennen

☐ Wie Sie in Konflikten und mit schwierigen Zeitgenossen passender kommunizieren

Haben Sie einen Ansatz gefunden, der Ihnen liegt und den Sie gern über das Coaching hinaus weiterführen wollen? Überlegen Sie sich, bis wann Sie das machen wollen.

Datum: _____

> **Tipp:** Es bietet sich ein Zeitraum von zwei Monaten an, um den bewussten Blick bei der Begegnung mit anderen noch mehr zu üben. Oft hilft allein die erhöhte Aufmerksamkeit, um andere treffender einzuschätzen.

Abschließend können Sie hier noch eine Übung mit auf den Weg nehmen, die einfach ist und die Sie respektvoll und fair bleiben lässt.

Übung: Neugier genügt

Trainieren Sie ganz gezielt, anderen mit weniger Vorurteilen und nicht rein nach Bauchgefühl zu begegnen: Wann immer Sie in den nächsten Tagen Menschen treffen, die Sie nicht kennen – ob im Zug, im Job oder der Freizeit –, versuchen Sie ganz bewusst, nicht zu urteilen, sondern einfach zu beobachten, wie der andere spricht, was er macht, wie er auf Sie wirkt, und gehen Sie auf die Person zu. Schließen Sie noch keine Wetten ab, wie der andere tickt, lassen Sie sich überraschen, wie sich der Kontakt entwickelt. Denn je mehr Zeit man sich lässt für die Einschätzung anderer, desto offener wird man für weitere, differenzierende Eindrücke. Dann fallen einem nach und nach Besonderheiten, Widersprüche, Ticks, Eigenheiten oder auch Einstellungen auf, die einem selbst nah sind. Probieren Sie, so lange wie möglich in einer offenen Haltung zu bleiben. Meist weiß man danach mehr über ein Gegenüber, als wenn man sofort ein Urteil fällt.

Wichtig: Wenn Offenheit Ihnen nicht so liegt, weil Sie vielleicht sehr introvertiert sind, setzen Sie auf Ausdauer und Zeit. Beurteilen Sie einen anderen nie nach dem ersten Treffen, sondern lassen Sie sich mehrere Treffen Zeit, und fügen Sie die Eindrücke nach und nach zu einem Bild zusammen.

BUCHEMPFEHLUNGEN ZUM WEITERLESEN

Martina Gessner: *Menschenkenntnis,* Freiburg: Haufe Taschenguide, 2015.

Wie kann man andere besser einschätzen? Wie kann man sie beobachten, ohne verletzend oder anmaßend zu werden? Der Ratgeber gibt einen guten ersten Überblick für alle, die im Beruf lernen wollen, andere genauer zu erfassen und besser zu verstehen. Die Arbeitspsychologin Gessner verwendet nur einen Teil des Buches auf die Analyse von anderen – wichtiger ist es ihr, dass Leser lernen können, die bestimmten »Typen« auch angemessen zu behandeln und im Team und in der Projektarbeit die Aufgaben so zu verteilen, dass es passt.

Gitta Jacob/Alexandra Widmer: *Anleitung zum glücklichen Lieben: Raus aus falschen Beziehungsmustern und endlich den Richtigen finden,* Weinheim: Beltz, 2019.

Psychotherapeutin Gitta Jacob beschäftigt sich intensiv mit Beziehungsmustern. Sie erklärt hier, warum manche Typen besser zueinander passen und einfacher in einer liebevollen Beziehung bleiben als andere. Das Buch ist interessant für alle, die im Coaching festgestellt haben, dass sie bei der Einschätzung von Beziehungspartnern schon häufiger danebenlagen.

Thilo Baum: *Komm zum Punkt! Das Rhetorik-Buch mit der Anti-Laber-Formel,* Frankfurt am Main: Eichborn, 2009.

Der Unternehmensberater und Trainer Thilo Baum verknüpft in seinem Buch zwei Aspekte: Er zeigt, wie man andere Menschen besser einschätzen kann – und wie man die eigene Wortwahl und den Kommunikationsstil darauf einstellt. Herausgekommen ist ein kluges und praktisches Buch. Interessant für alle, die manchmal unsicher sind, wie sie ihr Gegenüber im Gespräch gut erreichen können.

François Lelord/Christophe André: *Der ganz normale Wahnsinn. Vom Umgang mit schwierigen Menschen,* Berlin: Aufbau, 2008.

In diesem unterhaltsamen Lesebuch zweier Psychologen finden Sie verschiedene Persönlichkeitstypen anschaulich erklärt und erhalten Tipps für einen passenden Umgang – ganz gleich, ob es sich um narzisstische, passiv-aggressive oder eher ängstliche Zeitgenossen handelt. Empfehlenswert, wenn Sie die Übungen zu Blendern, schwierigen Menschen oder zu eigenen Enttäuschungen besonders erhellend fanden.

ANHANG

Beratende Expertinnen und Experten für Selbsttests und Trainings

KAPITEL 1

Selbsttest: Matthias Berking leitet den Lehrstuhl für Klinische Psychologie an der Universität Erlangen. Gemeinsam mit Kollegen hat er das seit Jahren erfolgreich angewandte »Training der emotionalen Kompetenz« entwickelt.

Training: Der Psychologe Andreas Knuf arbeitet in eigener Praxis in Konstanz. Er ist als Psychotherapeut und Achtsamkeitstrainer ausgebildet. Außerdem schreibt er Sachbücher.

KAPITEL 2

Selbsttest und Training: Ursula Nuber ist Diplom-Psychologin und war viele Jahre lang Chefredakteurin der Zeitschrift »Psychologie Heute«. Sie arbeitet als Systemische Therapeutin in eigener Praxis und hat zahlreiche Ratgeberbücher geschrieben.

KAPITEL 3

Selbsttest und Training: Gitta Jacob ist Verhaltenstherapeutin, Expertin für Persönlichkeitsstörungen und bildet Psychotherapeuten aus. Die Motivationen und Persönlichkeitsmuster von Patienten zu erkennen, ist wichtiger Bestandteil ihrer Arbeit.

ÜBER DIE AUTORIN DER CHECKS UND COACHINGS

Anne Otto, Diplom-Psychologin und Journalistin, war nach dem Studium zunächst einige Jahre als Psychologin tätig und arbeitet heute als Autorin mit Schwerpunkt auf Psychologie- und Wissenschaftsthemen. Sie schreibt außerdem Sachbücher. Für SPIEGEL WISSEN und SPIEGEL COACHING konzipiert sie unter anderem Checklisten und Coachings.

Wachsen statt welken – ein schonungslos offener Erfahrungsbericht über das Älterwerden

Fuckin' fifty – damit hat nun wirklich keiner so plötzlich gerechnet. Eben war noch Abiprüfung, und auf einmal hat man Rücken.

Und jetzt? Nachlassendes Gehör, knirschende Gelenke und die befreiende Erkenntnis, dass Alleinsein schöner sein kann, als von einer Party zur nächsten zu ziehen: Respektlos ehrlich und mit viel Selbstironie schildert Christina Pohl ihren Weg zur inneren Faltenfreiheit und zeigt dabei, wie man mit dem Älterwerden Frieden schließen kann.

PENGUIN VERLAG